La Mente de Cristo

Creyendo en forma sobrenatural

L. Emerson Ferrell

La Mente de Cristo

Creyendo en forma sobrenatural

L. Emerson Ferrell

Ministerio Voz de La Luz

Ministerio Voz de La Luz

LA MENTE DE CRISTO 2007, 2016 © L. Emerson Ferrell

Publicado por   **Voice Of The Light Ministries**

P.O. Box 3418

Ponte Vedra, Florida, 32004

Estados Unidos de América

www.vozdelaluz.com

www.voiceofthelight.com

ISBN 978-1-933163-86-4

INDICE

PROLOGO

Han habido muchos libros escritos sobre el tema de la fe, en los últimos veinte años. El Señor ha estado retando a la iglesia en ésta área porque "Sín fe es imposible agradar a Dios". Todavía existen áreas de incredulidad dentro de la iglesia, las cuales necesitan ser retadas. Emerson Ferrell siempre ha pensado fuera del esquema común y corriente de la generalidad. El ha podido ver las Escrituras para desafiarnos a pensar de una manera mucho más fresca.

El Espíritu Santo es nuestro Maestro. Él nos enseña fielmente las verdades más importantes que debemos saber, para que podamos hacer la voluntad de Dios. Él unge hombres y mujeres, para que ministren, y que le puedan dar a la iglesia, el conocimiento y entendimiento que son necesarios. Emerson Ferrell ha pasado tiempo muy valioso en ayuno y oración, para poder descubrir los secretos de la Palabra de Dios.

Este libro es el fruto de ese tiempo invertido en la presencia de Dios. Él ha escrito este nuevo libro, con la ayuda del Espíritu Santo, que va a ayudar a los lectores a que sean liberados de toda atadura de incredulidad. Considera lo que está diciendo, y que el Señor te dé entendimiento en todas las cosas. Emerson Ferrell tiene el deseo de ver a la iglesia, caminando en lo sobrenatural. Las señales y las maravillas son unas de las marcas que tiene el llamamiento apostólico. Hay muchos que dicen creer, sin que manifiesten ninguna prueba de su creencia. El problema muy frecuentemente radica en nuestra manera de pensar. Los espíritus religiosos afectan la manera como pensamos. Jesús no fue suficientemente religioso para los líderes de Su generación.

Él fue ungido de Dios. La unción afectó la forma como Él enseñó y ministró. Lo mismo sucede en la actualidad. Permite que la unción de este libro rete cualquier forma de pensamiento, que te ha estado impidiendo caminar en la plenitud del poder y de la autoridad. Yo oro para que seas enviado apostólicamente, para realizar las grandes obras de Cristo Jesús.

Apóstol John Eckhardt

INTRODUCCION

El mundo se ha convertido en un lugar de creciente incertidumbre. Es muy raro poder ver un programa de televisión donde no haya historias que contengan destrucción y muerte. El apetito que existe por noticias que sean cada vez más sensacionalistas, parece ser la dieta actual del mundo. Los medios de comunicación están rediseñando la realidad, diciendo que esto representa la verdad.

La pregunta que uno debería hacerse es, si son nuestras creencias las que están determinando nuestra realidad, o las creencias de alguien más. La respuesta a esta pregunta requiere a su vez, que contestemos otra pregunta. Si la realidad está de acuerdo a nuestra creencia, entonces, ¿cuál es la fuente o la esencia de la realidad? La esencia de cualquier cosa se encuentra en su interior de dicho material, y esto es lo que determina su condición externa.

Si existe una palabra en el vocabulario universal usada más frecuentemente para validar nuestro comportamiento, esa palabra es "creer". Por ejemplo, hay comentarios tales como, "yo creo que ésta es la verdad" o "yo no te creo", y representan una opinión o una actitud, que determina el curso de una acción, en la vida de una persona.

Nuestras decisiones más importantes son determinadas típicamente por medio de la información que creemos o la que no creemos. La era en que vivimos se encuentra llena de información. De hecho, muchos se refieren a este siglo como "La Era de la Información", debido a la variedad de maneras en que estamos siendo expuestos a ella.

Tal vez no existe otra palabra que sea más crítica en el vocabulario de un cristiano, que la palabra "creer". Piensa acerca de esto. Nuestra creencia determina el sistema o la persona que vamos a seguir. Tal vez, a esto se debe que el término "creyente", se refiere predominantemente a los cristianos o a otras organizaciones religiosas.

Uno de los propósitos de este libro es exponer nuestra mente a un nuevo entendimiento de esta palabra tan común, "creer". El Espíritu Santo es capaz de transformar lo común en algo sobrenatural, si Le permitimos tener libre acceso a nuestras ideas preconcebidas.

Por ejemplo, en el siglo quince, la gente creía que el mundo era plano. Esta creencia originó miedo en aquellos que querían navegar los océanos o explorar nuevas tierras. Todos somos culpables de formar sistemas de creencias, los cuales giran alrededor de información que es falsa, y los resultados son frecuentemente muy trágicos. Hoy en día, existen miles de musulmanes que no solo creen que van a ir al cielo, sino que además, van a ser recompensados por matar a aquellos que no comparten sus creencias. El terror ha hecho presa del mundo a causa de sus creencias enfermizas. El mundo está buscando respuestas para poder resolver esta crisis, pero el mundo, tal y como lo vamos a descubrir, es incapaz de resolver los problemas con un sistema de creencias, originado en la misma naturaleza del pecado.

El hecho de creer en algo o en alguien, es una de las dinámicas clave para motivar, movilizar, y establecer grupos de personas a través de toda la tierra. Otra dinámica, que se conecta con la creencia, es la dinámica de recompensar. Es muy común, el pensar que la mayoría de la gente va a cambiar sus creencias, si aquello en lo que creen, no les va a recompensar, ni a producir lo que esperan.

Todos los cristianos suponen que creen en Dios. ¿Realmente creemos en Dios? La Biblia dice algo muy importante en el libro de Santiago que debemos considerar.

> *Tú **crees** que Dios es uno. Haces bien; también **los demonios creen**, y tiemblan.* Santiago 2:19

Los humanos no son la única especie que es capaz de creer. Los demonios también creen, y en este caso, les produce una reacción que los hace temblar. ¿Cuándo fue la última vez que temblamos delante de Dios? Este libro te va a dirigir, a retar, a estremecer, y a iluminar, para que te puedas convertir en un poderoso creyente obrador de milagros.

Amado, si te encuentras contento con tu vida, y tienes todo lo que quieres o necesitas de Dios, entonces, este libro no es para ti. Sin embargo, si acaso existe un fuego de inconformidad dentro de ti, que está clamando por más del Espíritu Santo, no te detengas, hasta que ese clamor se convierta en gozo profundo.

SECCION I

LOS CENTROS DE

CREENCIAS

CAPITULO 1

¿CREER O NO CREER?

Quiero empezar este libro con esta premisa, la vida que vives hoy es el resultado de lo que crees. La mayoría de las personas que leerán este libro se consideran a sí mismos cristianos, pero tengo una pregunta para ellos, ¿su vida demuestra por qué su creencia es mejor a la de alguien que no cree en Jesús?

La respuesta a esta pregunta es la razón del por qué escribí este libro, quiero ayudar a cambiar la condición de tu vida. El primer paso para alcanzar esta meta es conectar tus creencias con la fe. Definamos entonces lo que ese concepto significa.

• DEFINICIONES DE LA PALABRA CREER

El concepto de "creer" se define de dos formas. La primera describe la forma cómo la Biblia usa el concepto de "creer":

Aceptar como verdadero o real, o acreditar con autenticidad; tener una fe muy firme, especialmente, una fe de tipo religioso; tener confianza, o confiar; tener confianza

en la verdad; *considerar algo como real o verdadero;* **confiar** *en lo que uno ha visto u oído, y tener una opinión; pensar.*

La segunda, en cambio, es una definición secular, usada frecuentemente tanto por un cristiano como por un no creyente.

En el uso popular y más familiar, **el hecho de creer frecuentemente expresa una opinión en una forma vaga,** *sin tener un estimado exacto de las evidencias, notando una mera preponderancia* **de la opinión, y es equivalente a pensar o suponer algo.**

A la luz de estas definiciones, debemos evaluar el uso del concepto "creer", especialmente, cuando se trata de "confesiones de fe". En los círculos carismáticos, escuchamos proclamaciones tales como "yo estoy creyendo por mi sanidad, por mi automóvil, dinero, esposa, etc".

Este tipo de confesiones implican el uso de "conceptos" relacionados con fe para manifestar un deseo terrenal de las promesas de Dios fundadas en la Biblia.

Por ejemplo, alguien pudo haber sido enseñado a repetir la siguiente escritura basada en el Salmo 37:4 que dice: "Deléitate asimismo en Jehová, y él te concederá las peticiones de tu corazón". Si alguien recita el verso de arriba como una ayuda ante su petición, de acuerdo a los "maestros de fe", esa persona está más propensa a recibir su respuesta.

Los mensajes de fe son muy populares en la mayoría de

las Iglesias Carismáticas y Pentecostales. Abajo, exploro dos diferentes traducciones de la definición más común de fe en la Biblia.

> *Ahora bien, la fe es la certeza de lo que se espera, la convicción de lo que no se ve.*
> *Hebreos 11:1 (Versión Reina – Valera)*

> *La fe nos asegura con relación a las cosas que esperamos, y nos convence de la existencia de las cosas que no podemos ver.*
> *Hebreos 11:1 (Versión God´s Word)*

Ahora bien, la mayoría de los maestros intentan hacer la distinción entre el concepto bíblico de esperanza, y el secular. Muchos de ellos dicen que la palabra esperanza descrita en la Biblia implica seguridad y confianza, mientras que en el mundo secular se relaciona con duda e incertidumbre. Creo que esta descripción es acertada y verídica.

Desafortunadamente, en nuestro celo por mantener lo que algunos llaman "confesión positiva", a menudo usamos el concepto de "creer", en un contexto que se identifica más con la definición secular (equivalente a solo pensar o suponer algo).

La mayoría de la gente espera una diferencia tangible en su condición de vida después de hacer la "confesión de fe". Pero si no ven esta diferencia, jamás lo confesarán, porque se les enseñó a no hacer una "confesión negativa". Por ejemplo, si alguien está "creyendo" en un incremento salarial o en una sanidad y no ve ningún resultado, esa persona es advertida de no hacer una "confesión negativa". En otras palabras, se considera como una falta de fe o "mala confesión" comentar que no tiene lo que está pidiendo.

A pesar de que la condición no cambia, ellos continúan "creyendo" en los resultados, orando por fe y sin ser persuadidos por sentimientos o apariencias físicas. Por otro lado, cuando se produce el resultado deseado, "creen" que fue a causa de su "fe".

El problema radica en que la gente ha sido entrenada para enfocarse en el mundo visible y no en el invisible. El primero es el hogar de la fe y los principios o fórmulas aprendidos por la mente en el mundo físico no funcionan ahí.

Jesús entendió que creer es la clave para recibir todas las cosas.

Y todo lo que pidáis en oración, creyendo, lo recibiréis.
Mateo 21:22

Y ustedes recibirán todas las cosas que pidan en oración, teniendo fe...
Mateo 21:22 (Versión New Revised Standard)

Todo lo que pidan en oración, con fe, lo recibirán,
Mateo 21:22 (Versión Weymouth)

Los versículos anteriores nos muestran que creer con la mente y tener fe con el espíritu son dos cosas totalmente diferentes. Veamos cómo funciona lo segundo.

CAPITULO 2

CREYENDO CON NUESTRO ESPÍRITU

Jesús creía desde Su Espíritu, de hecho, para Él, creer y fe significaban lo mismo. Su fe radicaba en observar a Su Padre y de ésta manera Él desarrolló Su mente.

Su mente y Su Espíritu fueron fusionados para producir la manifestación visible de todo por lo que oraba. ¿Por qué? Porque Su espíritu, alma y cuerpo eran uno solo dentro del Padre. ¿Acaso no dijo Jesús que Él y el Padre uno eran?

Nuestro mayor problema es que creemos a partir del alma, la cual se encuentra en la condición caída del primer Adán. Nuestro reto, entonces, consiste en poder reconectar nuestra alma con la mente de Cristo. Esto significa renovar el espíritu de nuestra mente.

Y renovaos en el espíritu de vuestra mente...
Efesios 4:23

Ahora bien, la mente está capacitada para entender el

mundo invisible, pero eso requiere fe, lo que ven y perciben nuestros sentidos no tiene efecto en ese ámbito. Lo sobrenatural se expresa con la renovación de la mente.

La traición de Adán desconectó su espíritu del Padre, y una de sus consecuencias fue que -desde ese momento- el hombre fue forzado a creer por medio de su alma. El pecado vela la verdad, y como resultado, contamina nuestro sistema de creencias. Por lo tanto, mientras más seamos expuestos a la verdad, más podremos confiar en Jesús, y creer en Él con nuestro espíritu.

Debido a la desobediencia del hombre, la oscuridad controla nuestros pensamientos y creencias. Y la verdad es que cada vez que nuestras decisiones excluyen a Jesús, la traición de Adán se manifiesta en nuestra vida.

Las palabras que reflejan el significado bíblico de creer son "verdad" y "confianza". La importancia de estas se torna crucial, en la medida que evaluemos las razones para creer en algo.

Diez años atrás, era incapaz de confiar en el Espíritu Santo ni siquiera para ayunar comida sólida durante tres días. Hoy, soy capaz de confiar en Él, logrando ayunar 50 días o incluso más. Mi confianza ha crecido a tal punto que lo sobrenatural se ha convertido en milagros.

Al rechazar mi falso sistema de creencias, construido bajo temor y basado en información equivocada; y al confiar conscientemente en el Espíritu Santo, mi creencia ha sido transformada en fe.

Mi oración es que tú puedas recibir la misma unción después de leer este libro. Este es el tiempo para que des el primer paso en tu camino y creas que el Espíritu Santo puede cambiar tu vida. Sólo recuerda todas las veces que Él te ha rescatado de situaciones complejas. Comienza concentrándote en todas las grandes cosas que Él ha hecho por ti y siente Su presencia.

Dios ha realizado todos estos milagros para que confíes en lo que no puedes controlar ni ver. De hecho, Él te ha dado este libro para entrenarte y para que creas en lo sobrenatural.

El poder para creer está escondido en la persona en quien confias. ¿Quién es esa persona? ¿Es alguien a quien puedes ver o es el precioso Espíritu Santo?

CAPITULO 3

REUBICANDO LA CREENCIA DEL ALMA

La caída de Adán reubicó el centro de creencias que se encontraba originalmente en su espíritu, colocándolo en el alma.

Pero el modelo de Génesis es nuestro diseño para la eternidad. Esto quiere decir que el poder y la autoridad del hombre están escondidos en la imagen y semejanza de su Creador. Por lo tanto, aquellos que inviertan su vida en conocer a Jesús, recibirán el poder para creer y pensar como Él.

Y dijo Dios: Hagamos al hombre a nuestra imagen, conforme a nuestra semejanza; y ejerza dominio sobre los peces del mar, sobre las aves del cielo, sobre los ganados, sobre toda la tierra, y sobre todo reptil que se arrastra sobre la tierra. Creó, pues, Dios al hombre a imagen suya, a imagen de Dios lo creó; varón y hembra los creó.

Génesis 1:26-27

Dios creó al ser humano para que gobernara y tuviera

dominio sobre la tierra, exceptuando a otros hombres. El, quien es Espíritu, te diseñó para recibir instrucciones a través de tu espíritu.

Dios determinó la creación de una raza de Hijos Espirituales en la tierra, con el propósito de establecer y mantener Su reino. Esto requiere de hijos que crean en su Padre. El fracaso del primer Adán es una historia continua de la incapacidad que tiene el hombre para escoger a Dios como su fuente de verdad.

> *Y la serpiente era más astuta que cualquiera de los animales del campo que el Señor Dios había hecho. Y dijo a la mujer: ¿Conque Dios os ha dicho: "No comeréis de ningún árbol del huerto?" Y la mujer respondió a la serpiente: Del fruto de los árboles del huerto podemos comer; pero del fruto del árbol que está en medio del huerto, ha dicho Dios: "No comeréis de él, ni lo tocaréis, para que no muráis." Y la serpiente dijo a la mujer: Ciertamente no moriréis.*
> *Pues Dios sabe que el día que de él comáis, serán abiertos vuestros ojos,* ***y seréis como Dios, conociendo el bien y el mal.*** Génesis 3:1-5

Dios creó en Adán un ser que fue a la vez hombre y mujer, antes de separarlo en dos. Fue después de la división, cuando la serpiente le hizo la pregunta a la mujer: *Y dijo a la mujer: ¿Conque Dios os ha dicho: "No comeréis de ningún árbol del huerto?"*

Uno de los mayores engaños del enemigo es hacernos creer que somos como Dios. Por ejemplo, qué tan seguido escuchas que la gente dice "si Dios existiera, Él no permitiría tal catástrofe" o "¿cómo es que Dios puede permitir tantas muertes con huracanes?"

Estas preguntas suenan lógicas y justas, pero en realidad son una deliberada perversión de la autoridad y soberanía de Dios. Qué arrogante es que la criatura cuestione a su creador y que muchas de nuestras creencias se originen en esa posición orgullosa en que usurpamos la autoridad de Dios.

Mientras el diálogo entre la serpiente y la mujer continuaba, su alma fue seducida para tomar las decisiones que conllevaron a la caída. Como resultado de sus propias creencias, el hombre se cree dios sobre su vida. Sin embargo, Dios nos dio la habilidad para pensar, actuar y creer como Sus hijos. Por el contrario, el propósito de satanás fue dividirnos de nuestro Creador por medio de creencias erradas. Y el enemigo tuvo éxito, ya que creó duda e incertidumbre en Adán y Eva. El diablo utilizó los sentidos para poder engañar al alma y así cambiar el centro de la toma de decisiones del espíritu al alma. Es por ello, que el alma busca primeramente poder, seguridad, sabiduría y riquezas, que no son más que ilusiones creadas por satanás para que el hombre se sienta igual a Dios.

Es por esa razón que Eva creyó en la mentira y su alma pudo justificar su acción. Esta transgresión fue mucho más allá de separar al hombre de Dios, ya que anestesió su espíritu. Entonces, el alma fue coronada como el centro que determina la verdad.

*Cuando la mujer vio que el árbol era bueno para comer, y que era agradable a los ojos, **y que el árbol era***

deseable para alcanzar sabiduría, *tomó de su fruto y comió; y dio también a su marido que estaba con ella, y él comió.* ***Entonces fueron abiertos los ojos de ambos, y conocieron que estaban desnudos;*** *y cosieron hojas de higuera y se hicieron delantales.*

Génesis 3:6-7

La verdad es que las decisiones no son parte de las funciones del alma. Esta última tiene que creer y actuar de acuerdo a nuestro espíritu. El espíritu es la fuente de fe y de poder, siendo el alma la magnífica herramienta creada por Dios, para manifestar la fe a los sentidos, emociones y voluntad.

Adán tomó la decisión de no creerle a Dios, y esto derivó en la actual naturaleza de pecado. Esta produce una consciencia y una forma de pensar, que es contraria a Dios, la cual analizaremos a continuación.

SECCION II

¿LA MENTE DE PECADO VS
LA MENTE DE CRISTO?

CAPITULO 4

MENTE DE PECADO

Antes de aceptar genuinamente a Cristo como mi Señor, experimenté con drogas alucinógenas y cuando mi mente estaba intoxicada, comenzaba a dudar de todo. Me volvía paranoico y escéptico, cuestionando incluso mi creencia en Jesús, implantada por mis padres, como la única vía para volver a Dios.

Me sentía la persona más importante y podía racionalizar todo. Por ejemplo, si quería una buena calificación en la escuela sin estudiar, justificaba las trampas necesarias para lograrlo. Cualquiera que no estaba de acuerdo con mi filosofía y con mi sistema de creencias era mi enemigo.

La Mente de Pecado tiene muchas similitudes con alguien intoxicado por drogas. El "yo", el ego, y el orgullo son el centro de su universo y nada ni nadie tiene más valor. El temor y la duda están siempre presentes y son las fuerzas dominantes que conducen la toma de la mayoría de las decisiones.

El pecado separa al hombre de la verdad y crea

sombras en la Luz. Así, toda ilusión del enemigo parece verdadera, haciendo muy fácil poder creer sus mentiras.

Es importante entender que nuestra mente tiene múltiples capas, cámaras y lugares escondidos, éstos contienen grados de luz y de oscuridad. Es un hecho también que parte de nuestra alma está recibiendo la verdad de Dios, pero el grueso de nuestra mente permanece en oscuridad y en mentiras arrastradas desde la infancia.

El alma y la mente de Adán fueron creadas en armonía con su espíritu, ya que ambos eran UNO en Dios.

Ahora bien, antes de que Adán desobedeciera a Dios, su espíritu tenía autoridad sobre la tierra, y esta condición original de Adán es el modelo de fe que conduce al alma a creer sobrenaturalmente.

El pecado destronó al espíritu y coronó al alma como centro de creencia, generando una división entre ellos. Este centro es para creer en lo sobrenatural, pero se convirtió en un lugar de duda e incredulidad. Después de que esta conexión entre Dios y el hombre se cortó, el pecado comenzó a dominar la mente del hombre. La transferencia del espíritu hacia el alma en Adán es obvia cuando comparamos estas escrituras:

Y estaban ambos desnudos, el hombre y su mujer,
y no se avergonzaban. **Génesis 2:25**

Entonces fueron abiertos los ojos de ambos, y conocieron que estaban desnudos; y cosieron hojas de higuera y se hicieron delantales.
Génesis 3:7

Cuando me refiero al espíritu del hombre, estoy hablando de la parte invisible donde somos llenos de Dios o el diablo. Por su parte, el alma es el aparato que conecta el espíritu con el cuerpo en la que residen la voluntad, la mente y las emociones. **(Ver figuras páginas 191, 192)**

El pecado crea una "percepción de la realidad" basada en el ego o en el "yo" que forma vergüenza y culpabilidad dentro del alma. Esta realidad está formada por mentiras y oscuridad, cuyo objetivo es proteger la falsa imagen y semejanza generada por el pecado.

La estructura de pecado exige un sistema de creencias que perpetué esa realidad. De esta manera, mientras más creas en las imágenes de tu mente, más difícil será despertar tu espíritu a la verdad.

Mucha gente piensa que el pecado está definido por el tiempo en que se vive y la cultura. Sin embargo, Dios es el único que lo puede determinar y juzgar, de acuerdo a Su justicia. Mientras el hombre cree desde su alma pervertida, Dios establece justicia y rectitud desde Su santidad. El ser humano piensa y actúa en base a pensamientos y conocimientos construidos en su propio "mundo", y que están viciados desde su nacimiento.

CAPITULO 5

MENTE, CONSCIENCIA Y CONCIENTIZACIÓN

Los misterios de la mente humana han sido objeto de estudios que han dado lugar a miles. Uno de los tópicos más debatidos mundialmente está relacionado con el estudio de la mente, la conciencia y un proceso que llamaremos concientización. Es importante que como cristianos nos familiaricemos con estos términos y entendamos su significado.

La comprensión de estos conceptos no sólo nos equipa, sino que también nos prepara para argumentar y manejar el lenguaje que el mundo usa para promover al hombre como "dios".

La mayoría de los diccionarios define mente y concientización de las siguientes maneras:

Mente consciente: "Conocimiento de la propia existencia, de sus sensaciones, pensamientos y entorno".

Concientización: "El estado de estar consciente." De

acuerdo a esto, cada uno debe determinar la condición en que se encuentra en el mundo visible.

Aquellos que no se familiaricen o que no acepten el mundo invisible como realidad, formarán su consciencia desde la realidad visible, "aceptando" sus verdades y creencias.

En mi opinión, el hombre perdió la capacidad original de concientizar a Dios por causa del pecado, y al no reconoció su transgresión está condenado a interpretar la vida con un velo de oscuridad. En otras palabras, el pecado creó en el hombre la ilusión de estar consciente, aceptando la misma mentira que creyó Adán: "querer ser dios".

¿A qué me refiero con el concepto de concientización? La raíz de esta palabra reside en consciencia, definida como "auto-conocimiento" o "conocimiento de sí mismo".

Por su parte, la Biblia dice que poseemos un "sentido o conocimiento interno" de lo bueno y lo malo que gobierna nuestros pensamientos y acciones. Complementemos esto con una definición de consciencia para entender mejor qué significa concientización:

Consciencia: "es la facultad, poder o sentido activo que determina el carácter de las acciones, propósitos y afecciones de una persona, y que alerta, condena, aprueba u autoriza si algo es correcto o no. También se describe como la facultad moral de emitir un juicio moral sobre sí mismo, es decir, el sentido moral.

*Entonces fueron abiertos los ojos de ambos, **y conocieron que estaban desnudos;** entonces cosieron hojas de higuera, y se hicieron delantales.*

Génesis 3:7

Obviamente, antes de su pecado, Adán era consciente de Dios y estaba lleno de Su conocimiento , pero éste lo cegó, haciéndolo consciente de sí mismo. Después de su caída, la consciencia del hombre echó raíces en su propio conocimiento del bien y no mal, y no en Dios.

Tomando en cuenta lo anterior, me parece muy interesante que Jesús haya enceguecido a Saulo para convertirlo en Pablo y así cambiar su idea de justicia. (Hechos 9:8)

En mi opinión la consciencia reside entre el espíritu y el alma del hombre, como un puente. **(Ver figura 2, página 191, 192)** Creo que es como un localizador de Dios, que tiene un amplificador integrado para llamarnos de regreso Él. Por lo tanto, mientras más escuchemos Su llamado, más conscientes seremos de nuestro propósito y destino originales.

La función de nuestra **consciencia** es precisamente hacernos **conscientes** de la **mentalidad de pecado**, reconociendo nuestra naturaleza "adámica" y asumiendo la responsabilidad de crucificar a Cristo, pero también recibiendo Su perdón a través de un arrepentimiento consciente.

Ciertamente creo que el arrepentimiento despierta nuestro espíritu para caminar en Cristo. Después, comenzamos a reconocer las creencias esenciales, que cambiarán nuestra forma de pensar, y nos conducirán a la mente de Cristo.

CAPITULO 6

NUESTRO SISTEMA DE CREENCIAS

Un sistema de creencias describe una estructura o mentalidad que puede ser verdadera o falsa, y que deriva en un comportamiento basado en esa información.

Por ejemplo, durante el siglo XV, la mayoría de la población del mundo creía que la tierra era plana y esa falsa creencia predominó en el pensamiento o mentalidad de la época. Creer es para la mente lo que la mano del alfarero es para el barro. Por lo tanto, el objeto creado por el alfarero está determinado por las **imágenes internas del alfarero**.

Con esto quiero decir que aquello en que creemos forma nuestros sueños y destino, y como consecuencia, esta información determinará nuestro comportamiento sin importar si la creencia es verdadera o falsa.

Nuestra consciencia está ligada a nuestra forma de pensar. Veamos por qué: La serpiente le dijo a la mujer, *"Tus ojos serán abiertos y tú serás cómo Dios, conociendo el bien y el mal..."*

Dios le dijo al hombre que el día que comiera de ese fruto, ciertamente moriría. **Adán escogió creer en esa mentira, y su comportamiento derivó en la muerte de su "mente en Dios".**

Todas las cosas son puras para los puros, mas para los corrompidos e incrédulos nada es puro, sino que tanto su mente como su conciencia están corrompidas. La pureza es de lo que está formada la inocencia, y la mente corrupta la que da a luz la incredulidad. Tito 1:15

Como dice este versículo, **la pureza es la sustancia de la inocencia, es el lugar fuera del pecado, el lugar en el que Adán residió antes de desobedecer. Por el contrario, la mente de pecado produce y da substancia a la incredulidad.**

Una vez que entendemos la magnitud de nuestra corrupción y engaño, podremos restablecer el centro de creencia a su posición original, nuestro espíritu, siendo está la prioridad y pasión de nuestra vida.

Uno de los propósitos de este libro, es exponer la verdad, y así, permitir que el Espíritu Santo destruya los falsos sistemas de creencias que fueron construidos por nuestra mente de pecado.

Todo el que practica el pecado, practica también la infracción de la ley, pues el pecado es infracción de la ley. 1 Juan 3:4

La mentalidad transgresora es producto de la desobediencia del hombre en el Jardín de Edén. **Entendamos transgresión como la rebelión del hombre en contra de su propósito original en cuanto a la relación y a su responsabilidad con el Padre y con la raza humana.** Como consecuencia, Dios no puede cumplir con su responsabilidad de crear una raza de Hijos de Dios en la tierra, si ellos no quieren obedecerle.

Una vez que Dios expulsó a Adán y a Eva del Jardín del Edén, la mente pecaminosa se extendió a toda la creación, comenzando con Caín. La raza humana se depravó de tal manera que provocó que Dios se arrepintiera de haber creado al hombre. Esto trajo como resultado la destrucción de toda creatura viviente, por medio del diluvio, con la excepción de Noé y su familia.

*Entonces el Señor dijo a Caín: ¿Dónde está tu hermano Abel? Y él respondió: No sé. **¿Soy yo acaso guardián de mi hermano?*** *Génesis 4:9*

La respuesta que Caín le dio a Dios después de matar a su hermano, es la actitud de una persona que opera desde la mente de pecado. La mente de pecado es la madre de toda infracción a la ley de todo ser humano.

*Y el Señor vio que era mucha la maldad de los hombres en la tierra, y que toda intención de **los pensamientos de su corazón era sólo hacer siempre el mal**. Y le pesó al Señor haber hecho al hombre en la tierra, y sintió tristeza en su corazón. Y el Señor dijo: Borraré de la faz de* *la tierra al hombre que he creado, desde el hombre hasta el ganado, los reptiles y las aves del cielo, **porque me pesa haberlos hecho**. Mas Noé halló gracia ante los ojos del Señor.* Génesis 6:5-8

Nadie conoce los límites del conocimiento disponibles para la mente y el espíritu. Aún hoy, al hombre le parece difícil discernir entre el espíritu y el alma. Esta última ha sido exaltada y educada para ser el centro de los logros y esperanzas para el futuro de la raza humana. Esto ha producido generaciones enfocadas únicamente en su "yo", egocéntricos, cuya única preocupación es la "auto – conservación" a expensas de otros.

La humanidad está llena de infractores de la ley, y ni el mismo hombre puede hacer algo ante esto. Los terremotos y los tsunamis son algunos de los resultados que la mente de pecado atrae sobre el mundo. Pero al mismo tiempo, esta tierra gime para que los Hijos de Dios se levanten y establezcan el Reino de Dios.

Entonces dijo a Adán: Por cuanto has escuchado la voz de tu mujer y has comido del árbol del cual te ordené, diciendo: "No comerás de él", maldita será la tierra por tu causa; con trabajo comerás de ella todos los días de tu vida. Génesis 3:17

Dios maldijo a la serpiente, a la mujer, y luego maldijo este planeta. La tierra fue destruida por el diluvio y toda vida en ella, pero la maldición permanece. Este planeta está retorciéndose y vomitando, por la mente de pecado de los hombres infractores de la ley. En mi opinión, los huracanes, inundaciones, erupciones volcánicas, y todas las otras catástrofes, no son resultado del efecto invernadero causado por gases tóxicos, o por los cambios climatológicos, sino por la mente de pecado esparcida en la tierra. Estos son los gemidos de los que habla Pablo en Romanos:

> *Pues considero que los sufrimientos de este tiempo presente no son dignos de ser comparados con la gloria que nos ha de ser revelada. Porque el anhelo profundo de la creación es aguardar ansiosamente la revelación de los hijos de Dios. Porque la creación fue sometida al fracaso, y a la **irrealidad** no de su propia voluntad, sino por causa de aquel que la sometió, en la esperanza de que la creación misma será también liberada de la esclavitud de la corrupción a la libertad de la gloria de los hijos de Dios. Pues sabemos que la creación entera a una gime y sufre dolores de parto hasta ahora. Y no sólo ella, sino que también nosotros mismos, que tenemos las primicias del Espíritu, aun nosotros **mismos gemimos en nuestro interior, aguardando ansiosamente la adopción como hijos, la redención de nuestro cuerpo.***
>
> *Romanos 8:18-23 (traducción de la Biblia Weymouth)*

El hombre fue creado como el compañero del Dios obrador de milagros. Sin embargo, el pecado lo despojó de esa posición, y estableció la transgresión para regir al mundo. La tierra sabe cuál es su propósito y gime para que los Hijos de Dios manifiesten las leyes y el dominio de Dios.

CAPITULO 7

LA MENTE DE CRISTO

• EL PROGRESO ASCENDENTE DE JESÚS HACIA LA MENTE DE DIOS

Quiero ser muy claro en este tema. La mente de Cristo es para la mente de pecado, lo que los diamantes son para el carbón. No es lo opuesto, sino una dimensión totalmente diferente.

Por ejemplo, mucha gente de Dios ha dado la vida por sus familiares y por sus seres queridos, pero Jesús murió por aquellos que lo enviaron a la muerte. Esto demuestra una forma de pensar muy pocas veces vista en la historia. Jesús logró este nivel en Dios para demostrar Su Señorío, Su Majestad y Su Poder a todos los principados y potestades del universo.

Jesús sometió a la muerte para poder controlarla y dar vida a aquellos que se sometan a Él. Por eso, para poder creer como Jesús, debemos seguir Su caminar ascendente hacia la mente de su Padre. Primeramente, debe ser obvio para cualquiera que ha leído la Palabra, que Él no podía ser controlado ni por la religión ni mucho menos por la política.

En segundo lugar, Él tuvo la capacidad de explicar lo inexplicable de manera simple pero profunda para así demostrar que Su autoridad era de un reino diferente. Su mente no estaba conformada a la mentalidad de este mundo.

De acuerdo a Hebreos, Jesús vino a la tierra siendo Dios en Su espíritu, pero al mismo tiempo, fue la Simiente de Abraham en Su alma y en Su cuerpo.

Porque ciertamente no tomó en sí mismo la naturaleza de los ángeles, sino tomó en sí la simiente de Abraham.
Hebreos 2:16 (traducción del original)

Ahora bien, a Abraham fueron hechas las promesas, y a su simiente. No dice: Y a las simientes, como si hablase de muchos, sino como de uno: Y a tu simiente, la cual es Cristo. *Gálatas 3:16*

Porque no tenemos un sumo sacerdote que no pueda compadecerse de nuestras flaquezas, sino uno que ha sido tentado en todo como nosotros, pero sin pecado.
Hebreos 4:15

Claramente Jesús nació en un mundo controlado por la forma de pensar de Adán, que es la estructura de pensamiento infractora de la ley. No obstante, Jesús comprobó que el ser humano no tiene que sucumbir ante la oscuridad o creer esas mentiras. Más aún, creyendo en la Palabra de Su Padre con Su Espíritu, pudo dominar el pecado y la desobediencia. Esto fue demostrado por primera vez en el desierto, donde Él se enfrentó cara a cara con el diablo.

Jesús nació como el Hijo de Dios, pero **no** como el Salvador del mundo. Esto te puede sorprender, pero quiero que leas lo que el autor de Hebreos escribió en su epístola:

> *Y aunque era Hijo, por lo que padeció aprendió la obediencia; y habiendo sido perfeccionado, vino a ser autor de eterna salvación para todos los que le obedecen...*
> *Hebreos 5:8-9*

Algunos de ustedes tal vez están diciendo, "He estado declarando las Escrituras en la misma forma como Jesús lo hizo, pero el diablo sigue destruyendo mi vida y mi familia". No te desanimes, tu Padre celestial no te ha abandonado, y la salvación está por llegar a tu situación. El poder está en creer como Jesús.

Permíteme explicarte esto, Jesús no sólo citó las Escrituras, sino que Él conformó su mente a la Palabra de tal manera que logró que resonará en sus células lo que provenía de Su espíritu.

Por ejemplo, cuando Él le dijo al diablo, *"No tentarás al Señor tu Dios"*, creo que cada célula de Su cuerpo, se identificó con la santidad de esa declaración. **En otras palabras, la justicia de la Palabra de Dios conectó Su espíritu con Su alma y cuerpo. No había lugar alguno para que la duda o**

la incredulidad desafiaran su creencia, tal como lo hizo el primer Adán. En mi opinión, el principal propósito en ser un cristiano es establecer Su Reino y convertirnos en la justicia de Dios en este mundo. Algunas personas creen que es para evitar el infierno, y otros para ir al cielo, pero ninguna de esas respuestas implica un cambio en nuestra mentalidad. Jesús describió su misión en Mateo:

No penséis que he venido para abolir la ley o los profetas; no he venido para abolir, sino para cumplir. Porque en verdad os digo que hasta que pasen el cielo y la tierra, no se perderá ni la letra más pequeña ni una tilde de la ley, hasta que toda se cumpla. Cualquiera, pues, que anule uno solo de estos mandamientos, aun de los más pequeños, y así lo enseñe a otros, será llamado muy pequeño en el reino de los cielos; pero cualquiera que los guarde y los enseñe, éste será llamado grande en el reino de los cielos.

Mateo 5:17-19

Jesús estudió las Escrituras para que Su alma y cuerpo convergieran en la imagen y en el carácter de quien iba a ser. Cuando Jesús leía las palabra de los profetas, meditaba en ellas hasta que cada pensamiento y célula de Su ser se convertía en una "palabra viviente". Su alma y Su cuerpo tenían que demostrar la misma rectitud, poder y santidad de Su espíritu.

• LA SANTIFICACIÓN EN EL DESIERTO

La palabra santificación se define como el "acto" de hacer algo santo y puro. El Espíritu Santo es el autor de esa obra y nuestra participación integral determinará la profundidad y el tiempo requerido para concretar esta tarea.

*Así que, amados míos, tal como siempre habéis obedecido, no sólo en mi presencia, **sino ahora mucho más en mi ausencia, ocupaos en vuestra salvación con temor y temblor.*** Filipenses 2:12

La experiencia en el desierto es fundamental para nuestra transformación, ya que transferirá el centro de creencias de regreso al espíritu, para formar así la mente de Cristo. Uno de los mayores obstáculos para lograrlo, es el mensaje actual de la Iglesia que nos lleva a pensar que si tenemos mucha fe podemos evitar las pruebas y las tribulaciones. Si esto fuera verdad, ¿por qué entonces el Espíritu Santo llevó a Jesús al desierto?

Y acercándose el tentador, le dijo: Si eres Hijo de Dios, di que estas piedras se conviertan en pan. Pero El respondiendo, dijo: Escrito está: "No sólo de pan vivirá el hombre, sino de toda palabra que sale de la boca de Dios." Entonces el diablo le llevó a la ciudad santa, y le puso sobre el pináculo del templo, y le dijo: Si eres Hijo de Dios, lánzate abajo, pues escrito está: "A sus ángeles te encomendará", y: "En las manos te sostendrán, no sea que tu pie tropiece en piedra." Jesús le dijo: También está escrito: "No tentarás al Señor tu Dios." Otra vez el diablo le llevó a un monte muy alto, y le mostró todos los reinos del mundo y la gloria de ellos, y le dijo: Todo esto te daré, si postrándote me adoras. Entonces Jesús le dijo: ¡Vete, Satanás! Porque escrito está: "Al Señor tu Dios adorarás, y sólo a Él servirás." El diablo entonces le dejó; y he aquí, ángeles vinieron y le servían.

Mateo 4:3-11

Cada tentación presentada a Jesús fue diseñada por Dios y usada por el diablo para poner a prueba Su espíritu, alma y cuerpo. Por ejemplo, después de 40 días sin comida, el diablo le sugirió a Jesús que convirtiera una piedra en pan, intentando tentar al cuerpo de Jesús. También tentó su alma al decirle que llamara a sus ángeles para que lo rescataran si saltaba al precipicio. Finalmente, el diablo probó a Su espíritu cuando prometió darle todos los reinos de este mundo si Jesús le adoraba.

A diferencia de Adán, Jesús contendió ante cada tentación desde Su espíritu en vez de hacerlo desde Su alma. La Palabra de Dios es Espíritu, y el diablo no pudo oponerse a Él, porque sabía que Jesús hablaba de lo que creía.

Si queremos prevalecer en contra del enemigo, nuestras palabras deben coincidir con nuestro comportamiento. Por lo tanto, si estamos declarando, *"Por Sus llagas hemos sido sanados"*, entonces, no deberíamos usar medicinas. Si estamos decretando, *"Ningún arma en contra de mí prosperará"*, entonces, no deberíamos gastar dinero en pólizas de seguro.

Debemos entrar en Su camino ascendente y alinear nuestra alma con nuestro espíritu. Es por eso que pocas personas pueden cambiar drásticamente su vida cuando se trata de medicina y seguridad, pero es tiempo de que comencemos.

• SANTIFICADOS EN LA VERDAD

*Santifícalos en la verdad; tu palabra es verdad. Y por ellos yo me santifico, para que ellos también sean santificados en la verdad. Mas no ruego sólo por éstos, sino también por los que han de creer en mí por la palabra de ellos, para que todos sean uno. Como tú, oh Padre, estás en mí y yo en ti, que también ellos estén en nosotros, para que el mundo **crea** que tú me enviaste.* Juan 17:17, 19-21

Para poder creer como Jesús, necesitamos ser santificados en La Verdad. La Palabra de Dios es la verdad y esa Palabra es una persona y se llama Jesús. La Palabra bautiza tu mente, pero la Palabra no está separada de la persona de Jesús. Debes ser bautizado o lavado en Jesús.

De esta manera, cuando nos sumergimos en el carácter del Hijo, nuestro carácter es removido y nuestros pensamientos ya no son los mismos. Recuerda que nuestro único propósito es revelar a Jesús y eso se logra cuando sonamos , y nos parecemos a Él y cuando amamos como Él.

La verdad es que revelas exteriormente lo que crees íntimamente.

Jesús purificó Su espíritu, alma y cuerpo para tener el poder de Su Padre. Él sabía, que a menos que cada parte de Su ser fuera consagrada, el enemigo podría impedir Su misión. Su mente debía ser tan pura como Su espíritu.

Ahora bien, Jesús nació como la simiente de Abraham, lo que significa que Su alma y Su cuerpo debían ser conformados a la semejanza de Su espíritu. Es por eso que la vida de Jesús fue un continuo ascender para volver a unirse al Padre, con el fin de expresar el proceso y el poder de la santificación a la humanidad.

Jesús, el Cordero sin mancha de Dios, desciende del cielo hacia para que exista un hombre sin pecado, que ascienda de regreso al Padre. Una vez que Jesús sale de las aguas del río Jordán, y el Espíritu Santo ha descendido sobre Él, el proceso de santificación ha comenzado. El Espíritu Santo orquestó cada paso, para que Jesús, el Dios - Hombre sin pecado, progresara en su ascenso de regreso a Su Padre. Este proceso está disponible para ti y hoy, gracias a Jesús y al Espíritu Santo. La misma autoridad usada por Jesús para destruir las obras del diablo se encuentra a nuestra disposición. ¿Por qué? Porque Él ya desmanteló la fuente del poder del enemigo, esto es el temor, y la incredulidad.

¿Qué tiene que ver esto contigo? Cuando tú declaras una Escritura, ¿lo haces desde tu espíritu, o sólo desde el conocimiento de tu mente? Tal vez, ni siquiera conoces la diferencia entre estas dos posiciones, pero estoy orando para que el Espíritu Santo imparta olas y olas de revelación fresca en tu vida. ¡Abre tu espíritu para recibirlo en este mismo momento!

Repite en voz alta esta oración conmigo: *"Espíritu Santo, yo renuncio en este momento a las cosas ocultas que hay en mi corazón. Me arrepiento de toda estructura de incredulidad y de duda con relación a Tus Palabras. Perdóname por no confiar en Tí. Abre mi espíritu para que pueda escuchar Tu voz, y muéstrame cómo remover todos los sistemas erróneos de creencia, que han estado controlando mi vida. Jesús, Te suplico que me sumerjas en Tu luz y verdad, para que Tú y yo seamos uno, de la misma forma como Tú y El Padre son uno".*

Jesús regresó a Galilea en el poder del Espíritu, y las nuevas acerca de Él se divulgaron por toda aquella comarca. Y enseñaba en sus sinagogas, siendo alabado por todos. Llegó a Nazaret, donde se había criado, y según su costumbre, entró en la sinagoga el día de reposo, y se levantó a leer.

Le dieron el libro del profeta Isaías, y abriendo el libro, halló el lugar donde estaba escrito: **El Espíritu del Señor está sobre mí, porque me ha ungido para anunciar el evangelio a los pobres. Me ha enviado para proclamar libertad a los cautivos, y la recuperación de la vista a los ciegos; para poner en libertad a los oprimidos; para proclamar el año favorable del Señor.**

Cerrando el libro, lo devolvió al asistente y se sentó; y los ojos de todos en la sinagoga estaban fijos en El. Y comenzó a decirles: Hoy se ha cumplido esta Escritura que habéis oído.   *Lucas 4:14-21*

Jesús regresó en el poder y bajo el control del Espíritu Santo para demostrar en la carne la profecía de Isaías 61.

La unción que se describe en esta Escritura, está al alcance de cualquiera que crea igual como lo hizo Jesús.

• DESARROLLANDO LA VIDA SOBRENATURAL DE JESÚS

Es muy importante que observemos cómo Jesús conquistó la naturaleza, la enfermedad y la muerte. Cada sanidad o cada milagro que Él realizó, iba en una escala ascendente de autoridad. Jesús era un estudioso de las leyes y principios de Su Padre, por lo que entendía el dominio que el primer Adán le había cedido al diablo.

• CONQUISTANDO A LA NATURALEZA

Jesús comenzó Su ministerio de milagros conquistando la naturaleza en tres niveles ascendentes. Primero transformó el agua en vino, luego calmó los vientos impetuosos mientras cruzaban el Mar de Galilea, y finalmente, caminó sobre las aguas. Cada milagro era un paso ascendente hacia el siguiente nivel de milagros.

• MILAGROS CREADORES

El siguiente nivel en el desarrollo de Su alma fue en el área del poder creativo de Dios el cual usó en diversas ocasiones para multiplicar los alimentos y así alimentar a las multitudes. Este tipo de milagros dejó atónitos a sus seguidores. Quiero aclarar que existe una diferencia entre sanidades y milagros.

Los milagros son creativos, mientras que las sanidades restauran lo que se había perdido.

• MILAGROS DE SANIDADES

Luego Jesús avanzó conquistando el área de las enfermedades. En los primeros pasos de su desarrollo, cuando dominó la naturaleza, no necesitó vencer el alma ni la voluntad del ser humano, eso requería un nivel más alto. Para lograr esto último, tuvo que reinar sobre la mente de pecado del hombre revelando el corazón de Su Padre en los enfermos. La exposición de ese genuino amor desarmaba sus almas, derrotando sus mentes y sanándolos.

La primera persona que Jesús sanó fue la suegra de Pedro. Jesús avanzó en Su unción sanadora cuando le devolvió la vista a un ciego y, finalmente, cuando sanó a los leprosos. Cada sanidad demostraba el grado en que Su alma era controlada por el Espíritu Santo. Cada paso tiene grados o niveles de avance. Jesús siguió hacia adelante manifestando el ámbito creativo del Padre, y formó ojos en un hombre que había nacido ciego. Esta demostración abrió el entendimiento de Jesús, haciéndole consciente del poder que lo estaba preparando para Su objetivo futuro: la resurrección.

Amado, el poder para realizar milagros en nuestra vida es directamente proporcional a la cantidad de amor que verdaderamente tenemos hacia Jesús. En otras palabras, Jesús amó a Su Padre Celestial más que a Su propia vida. Ese amor se convirtió en el catalizador que reprodujo los deseos del Padre. Por lo tanto, mientras más crecía Jesús en amor hacia Él, más compasión mostraba por aquellos que Su Padre había creado.

Para que podamos manifestar milagros sobre esta tierra, debemos estar dispuestos a dar nuestra vida por Jesús. **El poder de ese amor conecta nuestra fe con los deseos de Jesús para reproducir en la tierra aquello que ya fue comprado en la Cruz del Calvario.**

Amado, si tu espíritu recibe esta verdad, tus luchas se acabarán. El milagro por el que has estado pidiendo, depende del amor que tienes por Jesús. **En el momento en que esto se resuelva, el milagro es tuyo. Jesús ha estado esperando que le mostremos qué tanto le amamos.** De acuerdo a Santiago, las palabras no tienen tanta importancia como lo tienen las acciones. Por lo tanto, es imperativo que hagamos las obras de Jesús, ya que eso muestra el corazón del Padre Celestial.

• MILAGROS DE RESURRECCIÓN

Jesús ahora avanza en la autoridad sobre la muerte. Él comenzó por resucitar a la hija de Jairo, muerta por unos minutos. Luego, Él pasa junto a un funeral en Naín, y ordena que un muchacho, declarado también muerto, se levante.

Posteriormente, Jesús confronta al cuerpo en descomposición de su amigo Lázaro, fallecido hace cuatro días atrás, y le ordena que salga de la tumba. Después, Jesús declara Su propia muerte y resurrección en Juan 10:18 cuando dice,

"Nadie me la quita, sino que yo la doy de mi propia voluntad. Tengo autoridad para darla, y tengo autoridad para tomarla de nuevo".

• JESÚS HACE DE LAS ESCRITURAS SU PROPIA REALIDAD

Jesús buscó las promesas de Dios en las Escrituras concernientes a Él, y se apropió de ellas creyéndolas. Esto significa que las promesas de Dios para nosotros **no están basadas en especulaciones, ni en suposiciones, sino en que Jesús posee la mente de Dios.** Jesús podía encontrar en la Palabra las promesas para suplir y alimentar a las multitudes, por eso estudió la creación del hombre desde Génesis, y formó los ojos del ciego usando barro. Pero Jesús no sólo descubrió las Escrituras relacionadas con proveer, sino que también encontró las Escrituras vinculadas con Su muerte y resurrección. **La clave para el dominio que Él ejercía, estaba en Su forma de creer.** Las palabras de Su Padre no eran sólo vocablos, sino que era vida o sustancia del Altísimo impartida en todo Su Ser.

Jesús tenía que convertirse en el Cordero de Dios sin mancha, por medio de la santificación de Su cuerpo y Su alma. Este proceso de consagración le obligaba a convertirse en la palabra de Dios en cada una de sus células.

Él demostró el poder que esta tenía para transformar y conformar Su alma y Su cuerpo de acuerdo a Su espíritu. Por eso tuvo que estudiar las Escrituras que hablaban del Mesías en Deuteronomio 18:15-17, en Salmos 110:1, y en Isaías 9:6, por dar algunos ejemplos. Su espíritu se alimentó con las palabras de Su Padre para los profetas, hasta que cada parte de Su ser fue transformada en el Cristo. Una vez que Él purificó todo Su ser, se le fue concedido descansar en Su Padre. **Sus palabras se hablaron desde Su morada, dentro de Su Padre, y este entendimiento nos aporta la noción o la clave para creer.**

Jesús fue Uno con Su Padre. Esta declaración sale de nuestra lengua como si fuera una tarea muy sencilla, pero no fue así. El diablo nos ha cegado con religión, haciéndonos creer que las tentaciones de este mundo fueron muy fáciles de vencer para Jesús.

Si esto es lo que tú crees, necesitas volver a leer Hebreos 4:15 y 16, y Hebreos 5:8 y 9, versículos que aluden a que Jesús, como sumo sacerdote, fue tentado igual que nosotros, y aunque era el Hijo, Él tuvo que sufrir para convertirse en el Autor de la salvación eterna.

> *Si permanecéis en mí, y mis palabras **permanecen en vosotros,** pedid lo que queráis y os será hecho.*
>
> *Juan 15:7*

El versículo de Juan comienza con la palabra "si", aclarando que es nuestra responsabilidad, así como lo fue de Jesús. **De la misma manera en que Jesús buscó su Identidad en la palabra, nosotros hemos sido diseñados para obtener nuestra Identidad a partir de la mente de Cristo.**

Jesús dijo, "Todas las cosas son posibles para el que cree".

Marcos 9:23

La pregunta aquí es la siguiente, ¿estamos creyendo desde el interior de Jesús o desde nuestro exterior?

¿No crees que yo estoy en el Padre, y el Padre en mí? Las palabras que yo os digo, no las hablo por mi propia cuenta, sino que el Padre que mora en mí es el que hace las obras. Creedme que yo estoy en el Padre, y el Padre en mí; y si no, creed por las obras mismas. En verdad, en verdad os digo: el que cree en mí, las obras que yo hago, él las hará también; y aun mayores que éstas hará, porque yo voy al Padre.

Juan 14:10-12

Cuando Jesús estudió las Escrituras, Él se hizo consciente de la comisión que había aceptado antes de la fundación del universo. Su misión era redimir y otorgar autoridad de reino a los Hijos de Dios.

Una vez que moramos en Jesús, nos daremos cuenta de nuestra misión y de la responsabilidad que hemos aceptado. Nuestra misión está oculta en la mente de Cristo, la cual nos da el amor y el poder para conquistar esta vida.

• CONFRONTADO LA INCREDULIDAD

La falta de poder y de autoridad es culpa nuestra. Jesús nos ha mostrado como ser más que vencedores, pero desafortunadamente nuestra incredulidad nos ha restringido y nos ha limitado a una vida de escepticismo.

La duda y la incredulidad son lamentablemente la norma común para muchos cristianos. **Sin embargo, si estamos dispuestos a pagar el precio necesario para obtener la mente de Cristo, el resultado será dominio y vida sobrenatural.**

La siguiente Escritura demuestra la diferencia entre la mente de Cristo y la de la mayoría de las iglesias de hoy.

Y uno de la multitud le respondió: Maestro, te traje a mi hijo que tiene un espíritu mudo, y siempre que se apodera de él, lo derriba, y echa espumarajos, cruje los dientes y se va consumiendo. Y dije a tus discípulos que lo expulsaran, pero no pudieron. Respondiéndoles Jesús, dijo: ¡Oh generación incrédula! ¿Hasta cuándo estaré con vosotros? ¿Hasta cuándo os tendré que soportar? ¡Traédmelo! Y se lo trajeron. Y cuando el espíritu vio a Jesús, al instante sacudió con violencia al muchacho, y éste, cayendo a tierra, se revolcaba echando espumarajos. Jesús preguntó al padre: ¿Cuánto tiempo hace que le sucede esto? Y él respondió: Desde su niñez. Y muchas veces lo ha echado en el fuego y también en el agua para destruirlo. Pero si tú puedes hacer algo, ten misericordia de nosotros y ayúdanos. Jesús le dijo: "¡Cómo si tú puedes!" Todas las cosas son posibles para el que cree. Al instante el padre del muchacho gritó y dijo: Creo; ayúdame en mi incredulidad. Cuando Jesús vio que se agolpaba una multitud, reprendió al espíritu inmundo, diciéndole: Espíritu mudo y sordo, yo te ordeno: Sal de él y no vuelvas a entrar en él. Y después de gritar y de sacudirlo con terribles convulsiones, salió: y el muchacho quedó como muerto, tanto, que la mayoría de ellos decían: ¡Está muerto! Pero Jesús, tomándolo de la mano, lo levantó, y él se puso en pie.

Marcos 9:17-27

Cuando Jesús regresó del Monte de la Transfiguración encontró una multitud junto a Sus discípulos, los cuales no habían podido liberar a un niño con un espíritu sordomudo. Jesús acababa de experimentar una gloria trascendental que sería desafiada por estas circunstancias ajenas a Su control. Sin embargo, en vez de entrar en acuerdo con la situación o dudar de Su autoridad, Él abrió sus ojos espirituales y vio a Su Padre.

Recuerdo que una vez me interrumpió una llamada telefónica mientras experimentaba la presencia de Dios en una forma muy poderosa. La persona que estaba del otro lado de la línea estaba histérica, convencida de que su hijo iba a morir, debido a un reporte médico que había leído. Entonces le pregunté por qué estaba prefiriendo creerle al doctor, en lugar de creer la Palabra de Dios.

Muchas veces nuestra reacción ante malas noticias, es

la entrada que usa el enemigo para traer incredulidad y duda a nuestras vidas. Una lección que he aprendido a través de los años es que debemos estar más atentos a escuchar al Espíritu Santo, que a los demás, especialmente cuando entramos a un hospital, o a un lugar donde la atmósfera está llena de incredulidad y duda.

No estoy diciendo que debes ser grosero o indiferente ante la gente, sino que debes estar seguro de escuchar la verdad que viene del Señor en lugar de oír el reporte de personas histéricas. Recuerda la manera en que Jesús sacaba a aquellos que Él percibía que podían obstaculizar Su fe.

Y se burlaban de él. Mas él, echando fuera a todos, tomó al padre y a la madre de la niña, y a los que estaban con él, y entró donde estaba la niña. Marcos 5:40

Volviendo al pasaje del niño endemoniado vemos que, Jesús obviamente estaba molesto por la incredulidad de sus discípulos, y los reprendió diciendo, "generación incrédula", o como dice otra traducción, "generación sin fe".

Lamentablemente, muchas veces a causa de la incredulidad, nuestras iglesias están llenas de enfermedades y padecimientos. La actitud de muchos de los líderes cristianos es esperar a que lleguen famosos sanadores o evangelistas para que aborden sus problemas. Esto es exactamente lo que Jesús estaba reprendiendo. Como cristianos, no deberíamos depender de nadie para sanar la enfermedad, ni para echar fuera demonios, ni para resucitar a los muertos. Esto es lo que la Biblia dice en Marcos:

*El que **crea** y sea bautizado será salvo; pero el que no crea será condenado. Y estas señales acompañarán a los que han **creído**: en mi nombre echarán fuera demonios, hablarán en nuevas lenguas; tomarán serpientes en las manos, y aunque beban algo mortífero, no les hará daño; sobre los enfermos pondrán las manos, y se pondrán bien.*

Marcos 16:16-18

Hermanos, si ustedes realmente creen, **¿por qué necesitan de otra persona que haga aquello para lo que ustedes ya han sido equipados?** En la historia que hemos estado analizando, Jesús le pidió al papá que le trajera a su hijo. De inmediato, el demonio hizo todo un espectáculo para robar la atención, y aterrorizar a todos. Rápidamente, Jesús volvió a capturar la mente del padre, al hacerle una pregunta: "¿Hace cuánto tiempo que tu hijo ha estado poseído?" **A Jesús no le interesaba la repuesta, Él simplemente quería que el hombre dejara de enfocarse en el diablo, y abriera su espíritu para creer en lo sobrenatural.**

Finalmente, el padre le pidió a Jesús que tuviera misericordia y que le ayudara. Tristemente, muchos cristianos que claman a Dios por su sanidad tienen la misma actitud: "Jesús, ten misericordia de mí".

Amado, Jesús te ha dado la autoridad y el poder sobre cualquier cosa maligna en la tierra: *"Para el que cree, todas las cosas son posibles"*. **Pero la realidad es que, en su mayoría, la iglesia no cree.** Estamos muy familiarizados con esas historias de grandes milagros, sin embargo, creemos que sólo

Jesús puede hacer lo imposible, por lo que no somos capaces de hacer la transición desde nuestra mente a nuestro espíritu, que es donde reside la fe.

La reacción que tuvo este padre, es la misma triste realidad de la mayor parte de la iglesia de hoy.

E inmediatamente el padre del muchacho clamó y dijo: Creo; ayuda mi incredulidad.   *Marcos 9:24*

Lo cierto es que la incredulidad y la fe no pueden coexistir. La incredulidad corrompe la fe. Creemos o no creemos, esa es el dilema, y juzgando por la cantidad de enfermos en la iglesia, es muy fácil ver cuál es el caso, pero esto no debiera ser así.

Debemos seguir el modelo de Cristo Jesús para poder creer de la misma forma como Él cree. **La mente de Cristo te otorga poder para creer en lo sobrenatural, ya que es el espíritu y el alma del hombre, unidos en fe, creyendo.**

¿Cómo puedes saber si estás creyendo desde tu espíritu? El resultado se ve a través de señales y maravillas. Es por eso que Jesús estudió las Escrituras hasta que Su espíritu se volvió uno solo con el Espíritu Santo, y la consecuencia fue absolutamente milagrosa.

Por lo tanto, debes estudiar las Escrituras de la misma manera. Pídele al Espíritu Santo que te dé, por Su misericordia, la revelación y la verdad de lo que te impide entrar en Su reino.

Él lo hará, y esto te conducirá al arrepentimiento. **¿Acaso la razón de todo esto se debe a que nunca has creído?** El arrepentimiento no es una cosa ligera. Al igual que el padre en la historia anterior, debes clamar y reconocer tu incredulidad.

La forma en que Jesús tuvo misericordia sobre ese padre, quien reconoció su incredulidad, es la misma que te puede ayudar a recibir Su ayuda ahora.

Comienza por ser verdadero, por arrepentirte, y experimentarás una fe que crece de manera sobrenatural, y que es capaz de creer que todas las cosas son posibles en Él.

SECCION III

LA FE ES LA SUSTANCIA DE

NUESTRA REALIDAD

CAPITULO 8

¿QUÉ ES SUSTANCIA?

Para poder entender "la sustancia" de la cual está formada nuestra fe, debemos entender su definición. Sustancia significa: **aquello que es real ya sea sustancia material o sustancia espiritual, y se distingue de aquello que es aparente. Sustancia es la esencia real, es el elemento más importante de todo lo que existe; es la característica y componente elemental de todo.**

En esencia, sustancia es algo que se asume como real porque es verificable a través de nuestros sentidos e instrumentos humanos. Sin embargo, la ciencia tiene muchos problemas para describir lo que sucede en el mundo subatómico, que es el ámbito de la energía, ya que carece de aparatos para medir algo que es netamente espiritual.

Lo irónico es que los científicos nos están pidiendo que "tengamos fe" en sus teorías de la energía porque no pueden probar nada de lo que dicen. Un ejemplo: sabemos que el viento es real, pero describir su sustancia, es decir, de lo que está conformado, requiere creer en cosas que no son visibles.

Ahora bien, la fe es la certeza de lo que se espera, la convicción de lo que no se ve.   Hebreos 11:1

Por la fe entendemos que el universo fue preparado por la palabra de Dios, de modo que lo que se ve no fue hecho de cosas visibles.   Hebreos 11:3

El mundo físico fue creado del mundo invisible. La Biblia dice que Dios hizo las cosas, de lo que no existía.

Abraham creyó, cuando se paró en la presencia de Dios quien da vida a los muertos y llama a existir naciones que nunca habían existido.
        Romanos 4:17 (traducción de la Biblia Gods Word)

El mundo invisible tiene forma, aunque es difícil describirlo. La mejor manera de referirse a la sustancia celestial, tal vez sería diciendo fuego, luz, o espíritu.

Cuando Jesús nos toca por primera vez, experimentamos la sustancia del Espíritu Santo. De inmediato nos hacemos conscientes de un vacío dentro de nuestro ser y de la necesidad de ser reconectados con Dios.

El vacío genera un anhelo por estabilidad y plenitud que nos desafía a creer. Desafortunadamente durante años hemos construido un sistema de creencias disfuncional y dañado. Y esto debido a que el hombre puso su confianza y fe en los sistemas de este mundo, de este modo hemos sido formados a través del pecado para proteger nuestro orgullo. Estas estructuras las podemos encontrar en el sistema bancario, de salud, de seguros, de educación o político por nombrar sólo algunos.

El ser humano construye su sistema de creencias a partir de esas sustancias visibles, elaboradas en la oscuridad de la mente de este mundo. La sustancia celestial, en cambio, está formada de fe y crea un sistema de creencias poniendo a Cristo como Roca. A través de este estudio, analizaremos los diferentes tipos de sustancia.

CAPITULO 9

SUSTANCIA CELESTIAL

Es importante que entendamos que somos llenos de la sustancia celestial en la medida que nos sometemos a conocer a Jesús. En el día de Pentecostés, en el libro de los Hechos, el Espíritu Santo fue descrito como un viento recio. Nosotros sabemos que ese evento fue celestial porque después de ocurrido se desataron milagros inexplicables.

Una de las señales de que lo celestial está invadiendo la tierra es la manifestación de la realidad profética. Dios creó al hombre como Su voz en el mundo y lo hizo para establecer Su reino, pero sin conocer verdaderamente a Cristo, aún experiencias celestiales son vacías y sin sustancia.

Jesús revela esto de una mejor manera en la siguiente Escritura:

No todo el que me dice: "Señor, Señor", entrará en el reino de los cielos, sino el que hace la voluntad de

mi Padre que está en los cielos. Muchos me dirán en aquel día: "Señor, Señor, ¿no profetizamos en tu nombre, y en tu nombre echamos fuera demonios, y en tu nombre hicimos muchos milagros?" *Y entonces les declararé:* **"Jamás os conocí; apartaos de mí, los que practicáis la iniquidad."**

Por tanto, cualquiera que oye estas palabras mías y las pone en práctica, será semejante a un hombre sabio que edificó su casa sobre la roca; y cayó la lluvia, vinieron los torrentes, soplaron los vientos y azotaron aquella casa; pero no se cayó, porque había sido fundada sobre la roca. Y todo el que oye estas palabras mías y no las pone en práctica, será semejante a un hombre insensato que edificó su casa sobre la arena; y cayó la lluvia, vinieron los torrentes, soplaron los vientos y azotaron aquella casa; y cayó, y grande fue su destrucción.

Mateo 7:21-27

En esencia, Jesús dice que **conocerlo a Él** es mucho más que profetizar y echar fuera demonios. De hecho, la palabra que se usa para describir la relación íntima entre una pareja es "conocer".

Una mujer puede estar casada con un hombre muy rico, pudiendo comprar los regalos más caros, pero no necesariamente tiene una íntima relación con su esposo. Su relación es entonces egoísta e irresponsable, lo que alude a un matrimonio sin sustancia.

La responsabilidad siempre demanda amor e

intimidad para entender lo que es una relación. Moisés hizo una declaración muy interesante que nos demuestra que él entendió que "conocer" a Dios iba mucho más allá de milagros, señales y prodigios.

Ahora, pues, si he hallado gracia en tus ojos, te ruego que me muestres ahora tu camino, para que te conozca, y halle gracia en tus ojos; y mira que esta gente es pueblo tuyo.
Éxodo 33:13

En otras palabras, Moisés vio milagros, pero él quería "conocer" qué hacía a Dios, ser Dios. El conocía Su poder y majestuosidad, pero no entendía la fuente o la sustancia de tan asombroso amor que fluía desde el corazón del Padre. Por ello, la sustancia o fuente de la que alimentamos nuestra morada interior determinará cómo sobrevivimos a las etapas difíciles de la vida. La siguiente Escritura describe dos métodos usados para construir esa morada:

*Todo el que viene a mí y oye mis palabras y las pone en práctica, os mostraré a quién es semejante: es semejante a un hombre que al edificar una casa, cavó hondo y echó cimiento sobre la roca; y cuando vino una inundación, el torrente rompió contra aquella casa, pero no pudo moverla porque había sido bien construida. **Pero el que ha oído y no ha hecho nada,** es semejante a un hombre que edificó una casa sobre tierra, sin echar cimiento; y el torrente rompió contra ella y al instante se desplomó, y fue grande la ruina de aquella casa.* Lucas 6:47-49

Este punto es claro, las tribulaciones demuestran el compromiso con Cristo y la profundidad de nuestros cimientes. Es inevitable que nos encontremos con humillación, dolor, asperezas, y seguramente incomodidad en nuestro caminar. **Sin embargo, si confiamos en el Espíritu Santo para nuestra renovación interior, esa estructura no perdurará. La roca, por supuesto, es Jesucristo y la fuente o sustancia se forma a través de experiencias con el Espíritu Santo.**

Hemos definido la palabra "sustancia" como aquello en lo que está fundada toda manifestación externa. Por lo tanto, nuestras acciones revelan el fundamento invisible que conforma nuestras creencias.

En otras palabras, sustancia es la materia prima, o el elemento que conforma un sistema de creencias. **Recuerda que nuestra definición de un sistema de creencias describe una estructura de pensamiento, que puede ser verdadera o falsa, y que produce un comportamiento basado en esa información.** Por ejemplo, los hermanos Wright creyeron que el hombre podría volar. El avión fue la evidencia visible o la sustancia elaborada de su imaginación o de la realidad invisible de sus pensamientos. **Esto nos dice que el mundo físico es diseñado desde el mundo invisible.**

Por la fe entendemos haber sido constituido el universo por la palabra de Dios, **de modo que lo que se ve fue hecho de lo que no se veía.** *Hebreos 11:3*

Para poder examinar la transformación de la sustancia invisible en materia física, imaginemos lo que les sucedió a los hermanos Wright. Probablemente mucha gente de ese tiempo soñó con volar, pero fueron estos hermanos los que hicieron realidad ese sueño. Muchos libros de historia han omitido el hecho de que su padre era un obispo y líder en una iglesia llamada "United Brethren in Christ Church" (Iglesia de los Hermanos Unidos) y que estos jóvenes inventores fueron enseñados con principios cristianos desde muy pequeños.

Su sueño se convirtió en la creencia de que el hombre podía volar, esa creencia fue mezclada con fe, lo que liberó el entendimiento para completar lo que otros no habían podido. La fe en el corazón de estos hombres se convirtió en conocimiento dentro de su alma. Sin embargo, no fue sino hasta que la sustancia de esta fe se hizo tangible lo que los llevó a construir un modelo que funcionara.

Un punto muy importante que debemos ver en este ejemplo, es que la sustancia invisible se convirtió en el bosquejo que lo hizo realidad. **Lo invisible se vuelve visible, en la medida en que la fe se hace tangible. Personas muy creativas suelen decir, "si yo puedo verlo en mi mente, entonces, puedo producirlo en el mundo natural".**

Mucha gente cree que se va a enfermar cada año durante el invierno, y esto produce una sustancia negativa que se manifiesta en forma de infección y enfermedad. **La sustancia o fuente de nuestra creencia está fundada en la roca o en la arena.**

Un día estaba orando por una mujer que tenía cáncer y antes de imponerle las manos, el Espíritu Santo me dijo: *"espera"*. Entonces, di un paso hacia atrás y sólo escuché. De repente sentí algo que salía de mi cuerpo, era como una electricidad, y el Espíritu Santo me dijo: *"Entrégale esta sensación a la persona"*, cuando la toqué sentí como un relámpago que salió de mi cuerpo introduciéndose al de ella. Al instante, cayó y mientras estaba en el suelo, vi al Espíritu Santo ministrarle.

Un mes después recibí una llamada de la esposa del pastor que decía que la mujer había sido totalmente liberada de cáncer. **La sustancia de Dios pasó a través de mi cuerpo y disolvió el cáncer.** Este es un claro ejemplo de que la sustancia de fe se manifiesta en milagros. ¡Alabado sea su Santo Nombre! Mientras más descubramos la verdad acerca de nuestras creencias, mejor entenderemos nuestra sustancia. La mayoría de nuestras ideas y pensamientos se originan en experiencias del mundo físico o del espiritual.

Y aquí la pregunta, ¿estás comenzando a ver la relación entre tu vida y tus creencias? Para poder cambiar la manera en que creemos debemos aceptar la sustancia celestial que proviene de nuestro espíritu y no la de la mente.

• SUSTANCIA EQUIVALE A PROSPERIDAD

Muchos hemos sido enseñados a que se necesita una carrera profesional, ya sea medicina, ingeniería, o computación para obtener prosperidad económica. Las Escrituras, en cambio, nos enseñan que lo visible se crea de lo invisible. En base a esto pregunto, ¿por qué pasamos más tiempo persiguiendo o buscando lo visible, en lugar de lo invisible?

La sustancia puede ser también usada para describir la riqueza o las posesiones materiales de una persona. Veamos una de las Escrituras más asombrosas al respecto:

*Y andando junto al mar de Galilea, vio a dos hermanos, Simón, llamado Pedro, y Andrés su hermano, echando una red al mar, porque eran pescadores. Y les dijo: Seguidme, y yo os haré pescadores de hombres. **Entonces ellos, dejando al instante las redes, le siguieron.** Y pasando de allí, vio a otros dos hermanos, Jacobo, hijo de Zebedeo, y Juan su hermano, en la barca con su padre Zebedeo, remendando sus redes; y los llamó. **Y ellos, dejando al instante la barca y a su padre, le siguieron.***

Mateo 4:18-22

Aquellos que siguieron a Jesús fueron bendecidos, pero aquellos que dejaron todo, fueron en verdad Sus discípulos. Muchas veces, la gente sigue a Jesús después de que lo han perdido todo, y ya no les queda nada, pero esos cuatro hermanos, dejaron sus trabajos, sus familias, todo lo que representaba seguridad, a fin de seguir a Jesús.

De hecho, ellos dejaron su sustancia natural, a cambio de una creencia fuera de este mundo. En otras palabras, su fe en Cristo Jesús les hizo dejar todo lo tangible, a cambio de una provisión celestial. Esto no quiere decir que la búsqueda de mejor educación, conocimiento, o perseguir tu pasión no sean importantes. Al contrario, la mente es un instrumento extraordinario, diseñado para construir e implementar sistemas que beneficien al reino de Dios.

El problema radica en que la mente no restaurada no desea las cosas de Dios. Los sistemas de creencias de este mundo, se corrompieron a por la mente caída de Adán, la cual se basa en el conocimiento del bien y el mal.

Si pasamos más tiempo a solas con el Espíritu Santo, meditando en las palabras de Jesús, nuestra capacidad para creer se unirá con nuestro espíritu, produciendo resultados asombrosos. Uno de estos será que nuestro espíritu y alma se unirán conectando nuestra fe con nuestras creencias. El poder de esta conexión es el tipo de mente que hemos estado estudiando.

A través de toda esta discusión, continúa pidiéndole al Espíritu Santo que te dé más revelación en tu espíritu, para que éste tome la autoridad de tu vida. Te asombrarás de ver qué tan rápido cambia tu medio ambiente en la medida en que te entrenes de esta manera.

CAPITULO 10

ENTRENANDO EL ALMA CON EL ESPIRITU

A través de los años, la mayoría de nosotros ha escuchado mensajes relacionados con fe. Sin duda, estos son fundamentales para cualquiera que sigue a Cristo. Tal vez, una de las Escrituras que más se refiere a fe, está en Hebreos 11:1. (A continuación, hay varias versiones de este mismo versículo)

Ahora bien, la fe es la sustancia de lo que se espera, la convicción de lo que no se ve.
Hebreos 11:1 (Versión King James)

Ahora bien, la fe es la certeza bien fundamentada de lo que se espera, la convicción de la realidad de las cosas que no se ven. *Hebreos 11:1 (Versión Weymouth)*

La fe nos asegura las cosas que esperamos, y nos convence de la existencia de lo que no vemos.
Hebreos 11:1 (Versión God´s Word)

Una verdad incuestionable que emana de esta Escritura, es la conexión inseparable entre lo invisible y lo visible. **La fe es la certeza concebida por el espíritu que le otorga al alma la capacidad de creer.**

El hombre fue creado para ser un espíritu, con alma y un cuerpo. Adán tenía la habilidad para ver lo invisible y lo visible en cualquier momento. La Biblia dice, *"Dios paseaba con el hombre en la frescura de la tarde",* lo que también alude a la capacidad de Adán de moverse tanto en el ámbito espiritual como el físico, dado que Dios es Espíritu. Sin embargo, la caída removió al hombre de uno de los propósitos de Dios: estar en comunión con Él cara a cara en el espíritu.

Expliquemos un poco esto, la fe es la sustancia espiritual de Dios. El Espíritu Santo imparte esta sustancia cuando alguien se lo pide creyendo desde su espíritu. Esta petición es lo que muchas personas llaman "desatar la fe".

Por ejemplo, cuando Jesús resucitó a Lázaro, Su espíritu y su alma impartieron la fe en el mundo espiritual, y se produjo el milagro visible. Los milagros motivan a la gente a creer, por lo que si un cristiano quiere llevar una vida victoriosa, debe creer en su mente lo mismo que en su espíritu.

Jesús entrenó Su alma para que creyera de acuerdo a Su espíritu, ese era el lugar en que se ubicaban las Palabras de Su Padre. Este debería de ser el primer objetivo de todo cristiano, de otra forma, ¿cómo puedes confiar en la Biblia? La Biblia es un libro espiritual, escrito para que nuestros espíritus puedan entenderlo. La sustancia que forma la Biblia, es el Dios Invisible manifestado en palabras.

La realidad invisible es la fuente de toda sustancia espiritual y material. La mayoría de los maestros de la Biblia describen esta sustancia invisible como fe. En la descripción de la invención del avión, la fe fue la sustancia del reino invisible, que se hizo visible, en la forma de una máquina voladora.

Una de las preguntas más frecuentemente que hace un cristiano es "¿por qué mi fe no está funcionando?". Mi respuesta a esta pregunta la encontramos en Habacuc:

He aquí que aquel cuya alma no es recta, se enorgullece; mas el justo por su fe vivirá. *Habacuc 2:4*

La verdad es que muchos cristianos que se hacen esta pregunta, están más interesados en la sustancia material o natural, que en la sustancia espiritual. Esto no es una condenación, sino que se debe a un mal entendimiento de la diferencia entre el alma y el espíritu.

Las tribulaciones y pruebas me llevaron a estudiar las Escrituras para poder entender por qué mi fe no estaba funcionando. Muchas de las verdades de ese estudio están en este libro. Lo que más me ayudó fue la revelación de Cristo y ese entendimiento por sí solo, transformó mi duda y mi incredulidad, y hará lo mismo en ti.

CAPITULO 11

BAUTISMO EN EL ESPIRITU

Yo a la verdad os bautizo con agua para que cambiéis vuestra forma de actuar y de pensar. Pero El que viene atrás de mí, más poderoso es que yo. No soy digno de remover sus sandalias. Él os bautizará con Espíritu Santo y fuego.

Mateo 3:11 (traducción de la Biblia God´s Word)

Mucha gente habla del bautismo en el Espíritu, cuya experiencia es bíblica y muy real, pero también muchos creen e incluso dicen que hablar en lenguas es la evidencia de ser "lleno" con el Espíritu Santo. Creo que nada puede estar más alejado de la verdad, ya que hablar en un dialecto o lengua desconocida es un don del espíritu, pero no necesariamente implica estar "lleno" de Él.

Analicemos esto. Primero, si alguien usa la palabra "lleno", eso implica hasta el máximo, sin dejar lugar alguno para algo más. Hablar una lengua desconocida no es lo que está descrito en el versículo de Mateo, de otra manera, ¿cómo se explica que algunas de estas personas, quienes hablan en lenguas visiten sitios de pornografía en internet o cometan adulterio?

Ahora bien, ¿es posible que alguien "lleno" del Espíritu Santo voluntariamente ande pecando? Por supuesto que no. Esta creencia ha creado horribles consecuencias, siendo una de ella, el reducir o minimizar la experiencia con el precioso Espíritu Santo.

La verdad es que el dulce Espíritu Santo está buscando un vaso santificado donde Él pueda habitar. El propósito de llevar a Jesús al desierto, fue precisamente para concretar Su santificación iniciada en el río Jordán.

¿Es acaso razonable, creer que podemos responder a un llamado al altar, recitar la oración del pecador, y que alguien nos imponga las manos para que seamos "llenos" del Espíritu Santo, sin haber sido consagrados de la misma manera en que lo fue Jesús?

La plenitud o el ser "lleno" comienza con nuestra crucifixión, cuando nuestra naturaleza pecaminosa, es clavada en la cruz.

Pero los que son de Cristo han crucificado la carne con sus pasiones y deseos. Si vivimos por el Espíritu, andemos también por el Espíritu. Gálatas 5:24, 25

Esto es lo primero que debes hacer para albergar al Espíritu Santo. Él no puede habitar en alguien que no ha limpiado su ser, o que no ha sido movido al lugar de servidumbre.

El hablar en lenguas es una herramienta que el Señor usa para limpiar el vaso que Él ocupará.

Jesús respondió, y le dijo: Si alguno me ama, guardará mi palabra; y mi Padre lo amará, y vendremos a él, y haremos con él morada. Juan 14:23

Lamentablemente, no podemos enfatizar aquí la importancia del bautismo en el Espíritu Santo, pero no te detengas hasta que Él te posea por completo. El Espíritu Santo es la sustancia que produce la fe, y el creer que conlleva a la verdadera realidad.

En resumen, la fe es la sustancia invisible que produce la manifestación física en nuestras almas para que creamos. Por lo tanto, la realidad sólo se descubre mediante fe, por lo que si tu sustancia no está formada del Espíritu Santo, tus creencias y tu realidad estarán equivocadas.

CAPITULO 12

MENSAJES PROFETICOS

Consecuentemente con lo descrito en el capítulo anterior, el Espíritu Santo envía profetas con mensajes, designados especialmente para desafiar nuestras zonas confortables y nuestras creencias. Estos mensajes son el producto del amor del Padre para Su Iglesia.

Manifestaciones como los milagros, son usadas por el Señor para despertar el alma de su mediocridad a la majestuosidad de Dios. En algunos casos, esto resulta peligroso porque el alma del hombre se aburre y se vuelve perezosa si no se entretiene con manifestaciones sobrenaturales cada vez más espectaculares.

Amado, examina tu sustancia con la realidad que vives hoy y contéstate la siguiente pregunta, ¿estás aceptando más a Dios, o más de ti mismo? La manera más simple de contestar es preguntándose lo siguiente: ¿Cuál es la voz que estoy escuchando, la mía o la del Espíritu Santo? Y mucho más importante que eso es ¿qué voz estoy obedeciendo?

La exaltación de uno mismo, y la búsqueda de una mayor comodidad, son las voces que proceden de nuestro ego. Por el contrario, la voz del Espíritu Santo típicamente reta el estado en que nos encontramos, y frecuentemente requiere sacrificio e incomodidad. La voz del Espíritu Santo no abusa ni obliga, sino que es digna de confianza, aunque es simple, pero a la vez, muy profunda. La voz del Espíritu Santo, además, siempre resuena con justicia, amor, paz y gozo, aunque nos pida un sacrificio.

Mientras más escuchemos Su voz, mayor es la sustancia que permanecerá en nosotros. **No desfallezcas hasta que la sustancia dentro de tu alma produzca sanidad divina en tu cuerpo, o hasta que en cada lugar donde vayas los muertos se levanten o los cojos caminen.** Si pudiera impartir algo a tu espíritu, sería que nunca permitas que ni la duda ni la incredulidad entren en tus pensamientos. **Aquel en quien confías es la fuente de tu sustancia interior, si no estás satisfecho con la condición en que te encuentras, cambia la manera en que crees y verás.**

Jesús es la roca, la fuente, la base desde donde todo lo bueno y perfecto es formado. Pon a Cristo y a la sustancia de Su eterno amor en el primer lugar de tu vida y Su poder se manifestará en tu camino. La sustancia de Cristo es la autoridad sobre todas las leyes naturales, cuya revelación se encuentra en la siguiente Escritura:

Como ellos todavía no lo creían a causa de la alegría y que estaban asombrados, les dijo: ¿Tenéis aquí algo de comer? Entonces ellos le presentaron parte de un pescado asado.

Y El lo tomó y comió delante de ellos. Y les dijo: Esto es lo que yo os decía cuando todavía estaba con vosotros: que era necesario que se cumpliera todo lo que sobre mí está escrito en la ley de Moisés, en los profetas y en los salmos. Entonces les abrió la mente para que comprendieran las Escrituras, y les dijo: Así está escrito, que el Cristo padeciera y resucitara de entre los muertos al tercer día; y que en su nombre se predicara el arrepentimiento para el perdón de los pecados a todas las naciones, comenzando desde Jerusalén. Vosotros sois testigos de estas cosas. Y he aquí, yo enviaré sobre vosotros la promesa de mi Padre; pero vosotros, permaneced en la ciudad hasta que seáis investidos con poder de lo alto. Entonces los condujo fuera de la ciudad, hasta cerca de Betania, y alzando sus manos, los bendijo. Y aconteció que mientras los bendecía, se separó de ellos y fue llevado arriba al cielo.

Lucas 24:41-51

Este asombroso relato de Jesús ilustra lo poco que entendemos del reino espiritual y Su poder sobre el mundo físico. Jesús asciende al cielo después de que Él y Sus discípulos comieron pescado. ¿Qué pasó con el pescado en Su estómago?

Las leyes de este mundo se someten a aquellos cuya sustancia espiritual es Jesús. Por lo tanto, si Él es nuestra sustancia, todo lo demás será sometido. Esto significa que cada enfermedad, cualquiera sea su nombre deberá rendirse a la sustancia de Jesús y los recursos necesarios para suplir una necesidad deberán someterse a él también.

No me elegisteis vosotros a mí, sino que yo os elegí a vosotros, y os he puesto para que vayáis y llevéis fruto, y vuestro fruto permanezca; para que todo lo que pidiereis al Padre en mi nombre, él os lo dé.　　　*Juan 15:16*

Hasta ahora nada habéis pedido en mi nombre; pedid y recibiréis, para que vuestro gozo sea completo.
　　　　　　　　　　　　　　　　　　　　Juan 16:24

Jesús está esperando que le creamos para ser llenados con Su presencia y Su sustancia para así desatar en nosotros el gozo del Señor. Aprenderemos más adelante que el gozo es una fuerza espiritual diseñada para nuestro cuerpo. De hecho, la sustancia de Jesús es gozo, paz y justicia, en el Espíritu Santo.

SECCION IV

TRANSFORMADOS DESDE EL INTERIOR

CAPITULO 13

SANTIFICACION DEL ESPIRITU, ALMA Y CUERPO

El pensamiento y la sustancia de Dios deben penetrar en ti, más allá de la superficie, e infiltrarse en cada área de tu ser, de otra manera, serás envuelto en las atracciones de este mundo. Así, nuestra mente producirá la sustancia y la realidad de Cristo en todo nuestro espíritu, alma y cuerpo.

> *Y el mismo Dios de paz os santifique por completo; y* ***todo vuestro ser, espíritu, alma y cuerpo,*** *sea guardado irreprensible para la venida de nuestro Señor Jesucristo.*
>
> *1 Tesalonicenses 5:23*

La Iglesia primitiva entendía y practicaba esta verdad, por eso el Señor está llamando a Su Cuerpo de regreso a una santificación íntegra en cuerpo, alma y espíritu, que es el verdadero propósito de la salvación.

Recuerda que Jesús pagó nuestra redención por medio de las tres áreas de su ser conquistando así la carne, el mundo y el enemigo. La reforma de Martín Lutero, definió la salvación del espíritu por medio de Gálatas 3:11, *"...El justo vivirá por la fe"*. Esto abarcaba la acción redentora de Dios en el espíritu del hombre, la cual produce una consciencia de la vida eterna.

John Wesley volvió a introducir la santificación del alma y de la mente con su famoso dicho "Poseyendo la mente de Cristo por completo". El propósito de éste, fue enfocar al creyente en la purificación de su mente para hacer que sus hábitos y pensamientos se alinearán con de Cristo.

La parte final de la salvación es completada en el cuerpo, para ello, es necesario redimirlo del que han producido en él las creencias equivocadas. **El propósito de las sanidades y de los milagros constituye el premio para aquellos, cuya meta es caminar completamente en salud divina.** Para que el hombre posea el Espíritu de Dios, debe ser limpiado en su totalidad, es decir, en su espíritu, alma y cuerpo. Así, cuando Dios sana a alguien empieza en su espíritu y de ahí la sanidad se expande al alma y culmina en el cuerpo.

El pecado es una sustancia espiritual que el enemigo usa para destruir nuestros cuerpos. Jesús habló las siguientes palabras a Sus discípulos para indicarles que el proceso de santificación es una obra espiritual, realizada por la sustancia contenida en Sus palabras.

El espíritu es el que da vida; la carne para nada aprovecha; las palabras que yo os he hablado son espíritu y son vida.
Juan 6:63

Vosotros ya estáis limpios por la palabra que os he hablado.

Juan 15:3

Cuando llegó el día de Pentecostés, estaban todos juntos en un mismo lugar. De repente vino del cielo un ruido como el de una ráfaga de viento impetuoso que llenó toda la casa donde estaban sentados, y se les aparecieron lenguas como de fuego que, repartiéndose, se posaron sobre cada uno de ellos. Todos fueron llenos del Espíritu Santo y comenzaron a hablar en otras lenguas, según el Espíritu les daba habilidad para expresarse. Hechos 2:1-4

Los discípulos calificaron a través del Agua de la Palabra para tener a Dios dentro de su ser. Esta agua es Jesús, quien los santificó. En otras palabras, cada parte de ellos se sometió al Espíritu Santo.

Por el contrario, el pecado, las enfermedades y los padecimientos que están destruyendo a tantos cristianos, es debido a que no se han sometido al completamente al Espíritu Santo. **En este sentido, una sumisión parcial produce un resultado incompleto.** Esto significa que no sólo el espíritu y la voluntad del hombre deben ser sometidas a Dios, sino que también cada pensamiento, deseo, emoción, incluyendo nuestro propios cuerpos.

El hecho de creer que Jesús murió por nuestros pecados, no convierte nuestra alma y cuerpo. Esto sólo ocurre cuando limpiamos estos componentes en Jesús, de otra manera viviremos en enfermedad, en medio de hábitos pecaminosos y dudando del poder de la Palabra. **Si la fe es la sustancia que sustenta nuestra creencia, la duda es la sustancia que refuerza nuestra incredulidad.**

CAPITULO 14

JESUS DEFINE LOS 5 CENTROS DEL HOMBRE

Tradicionalmente se ha enseñado que somos seres tripartitos, es decir, somos espíritu, alma y cuerpo. Sin embargo, a medida que esta revelación ha sido liberada, mayor es también el entendimiento de dos componentes adicionales de este ser tripartito: la mente y el corazón.

En el pasado, los teólogos habían enseñado que la mente y el corazón eran parte del alma. Sin embargo, mis investigaciones me han llevado a creer que en realidad, son conexiones vitales, entre el espíritu, el alma, y el cuerpo, y que funcionan en forma independiente. Creo que para poder tener la mente de Jesús, deberíamos entender cómo funciona nuestro corazón y mente con revelaciones más actualizadas.

El propósito de este estudio es rasgar completamente el velo de oscuridad que impide que entendamos la verdad. Los diagramas ilustran la función de cada centro, y la forma en que se relacionan con la santificación **(Ver las figuras 1 y 2 en páginas 191, 192).**

Veamos lo que Jesús dice a los teólogos de Su tiempo.

*Cuando uno de los escribas se acercó, los oyó discutir, y reconociendo que les había contestado bien, le preguntó: ¿Cuál mandamiento es el más importante de todos? Jesús respondió: El más importante es: "Oye, Israel; el Señor nuestro Dios, el Señor uno es; y amarás al Señor tu Dios con todo **tu corazón,** y con **toda tu alma,** y con **toda tu mente,** y **con toda tu fuerza."** El segundo es éste: "Amarás a tu prójimo como a ti mismo." No hay otro mandamiento mayor que éstos.* Marcos 12:28-31

Los centros identificados por Jesús, son el reflejo espiritual de nuestro cuerpo natural. Por ejemplo, el corazón espiritual es reflejo del corazón físico, la mente es la representación espiritual de nuestro cerebro y el alma es el reflejo espiritual de lo que creemos. Jesús trajo el nuevo pacto a la generación de creyentes que demostró su amor siguiendo la Ley, por eso Él dijo que manteniendo dos mandamientos se cumplía la Ley.

La verdad me ha ayudado para poder identificar la forma en que las diferentes personas de la Trinidad, trabajan y obran en mi vida. Por ejemplo, una tarde, yo estaba ministrando, cuando vi a una persona en una silla de ruedas. Normalmente, no me hubiera enfocado en esa persona, dado que me encontraba en la mitad de mi prédica, pero escuché la voz de Jesús que me decía, *"Intercede por ella en este mismo momento".* Yo obedecí, y la mujer comenzó a mover sus piernas en la silla, no tuve que detener el servicio, ni poner manos sobre ella, sino solamente ponerme de acuerdo con el Intercesor del Universo. Uno de los resultados más asombrosos de esa reunión, fue la intervención, tanto del Espíritu Santo, como de Jesús en forma simultánea. El Espíritu Santo me guió durante el mensaje, y Jesús, como nuestro Intercesor, me interrumpió para que yo orara. Este es un ejemplo de Dios el Hijo, y de Dios el Espíritu Santo, operando a través de diferentes partes de mi ser, simultáneamente.

Mientras más se santifica mi ser, es más fácil reconocer cómo las diferentes personas de la Trinidad obran en mí. Una cosa maravillosa que puedes experimentar, es la manera en que trabajan simultáneamente en perfecta unidad. Una cuestión que a menudo oímos entre las Iglesias es el tema de la unidad. La respuesta es que ésta sólo puede darse cuando cada parte del Cuerpo entiende su propósito. Jesús dijo, debemos —no como opción- amar a Dios con todo nuestro ser, comenzando con nuestro corazón.

• DEFINICIONES Y FUNCIÓN DEL ESPÍRITU

El espíritu humano proviene de Dios, el Padre de todos los espíritus. Ahora bien, la muerte espiritual de Adán separó a la raza humana de Su Creador, haciendo que su espíritu quedara en un estado latente.

Por eso creo que el espíritu del hombre permanece dormido hasta que reconozca su rol en la crucifixión de Cristo. El hombre, es dueño de su voluntad, a lo que llamamos libre albedrío para elegir arrepentirse o darle la espalda a la Verdad.

En las Escrituras encontramos un par de versículos que me indican que el espíritu del hombre pertenece a Dios, pero lo que ocurre con su alma y cuerpo están bajo la preeminencia de la voluntad humana.

Y ellos se postraron sobre sus rostros, y dijeron: Dios, Dios de los espíritus de toda carne, ¿no es un solo hombre el que pecó? ¿Por qué airarte contra toda la congregación?
Números 16:22

Y no temáis a los que matan el cuerpo, mas el alma no puede matar; temed más bien a aquel que puede destruir el alma y el cuerpo en el infierno.   *Mateo 10:28*

Si bien Jesús nació con Su espíritu conectado a Dios, Él tenía que transformar Su alma y cuerpo a Él. En mi opinión, nacemos con espíritus dormidos y hasta que no sean despertados por una decisión consciente de rendirse a Cristo, no somos capaces de tener fe real para cambiar nada.

• DEFINICIONES Y FUNCIÓN DEL CORAZÓN

El corazón del hombre está localizado entre el espíritu y el alma y es el primer lugar que el diablo corrompe, debido a su importancia. Una de sus funciones es transmitir el amor del Padre al alma humana. Es por esta razón que la perversión del amor, es el arma más grande que usa el enemigo. El corazón es el lugar por donde aceptamos creencias, pensamientos, e impulsos, así como también es la puerta que conecta nuestro espíritu con nuestra alma, tal y como lo vemos en la ilustración. **(Ver las**

**figuras 1 y 2, páginas 191, 192). Si el hombre escucha
y reconoce la voz de Dios, como Su Padre, el Espíritu
Santo impartirá Su poder para transformar el corazón y
para despertar el espíritu. Este proceso se conoce como
salvación y comienza en el corazón, así lo describe el
libro de Romanos y Ezequiel.**

*Porque con el corazón se cree para justicia, pero con la
boca se confiesa para salvación.* Romanos 10:10

*Además, os daré un corazón nuevo y pondré un espíritu
nuevo dentro de vosotros; quitaré de vuestra carne el
corazón de piedra y os daré un corazón de carne. Pondré
dentro de vosotros mi espíritu y haré que andéis en mis
estatutos, y que cumpláis cuidadosamente mis ordenanzas.*
Ezequiel 36:26-27

*Yo les daré un solo corazón y pondré un espíritu nuevo
dentro de ellos. Y quitaré de su carne el corazón de piedra
y les daré un corazón de carne...* Ezequiel 11:19

El corazón es tierno mientras somos niños, pero
se endurece a medida que somos heridos, maltratados, y
traicionados. Con el paso del tiempo, el pecado y la incredulidad
forman paredes cuyo propósito es protegernos del dolor, pero en
realidad esas paredes nos separan de Dios y Su amor.

**Las Escrituras me indican que la consciencia
reside en el corazón del hombre, y este lugar es muy
importante, ya que si nuestro espíritu permanece**

dormido, el Espíritu Santo puede entrar en nuestra alma a través de nuestra consciencia. Lamentablemente si la gente se rehúsa a escuchar su consciencia, sus corazones se endurecerán, haciendo aún más difícil despertar su espíritu. Veamos que dicen las Escrituras:

Mediante la hipocresía de mentirosos que tienen cauterizada la conciencia.   1 *Timoteo 4:2*

Esta gente habla mentiras disfrazadas como si fueran verdad. Sus consciencias han sido cicatrizadas, como si hubieran sido marcadas con un fierro al rojo vivo.
                1 *Timoteo 4:2 (Versión God´s Word)*

Por medio de las falsedades de los hombres, cuyas palabras son mentiras, sus corazones fueron calcinados, como si hubieran sido marcadas con un fierro al rojo vivo.
                1 *Timoteo 4:2 (Traducción Basic English)*

Acerquémonos con corazón sincero, en plena certidumbre de fe, teniendo nuestro corazón purificado de mala conciencia y nuestro cuerpo lavado con agua pura.
                Hebreos 10:22

Bienaventurados los de limpio corazón, pues ellos verán a Dios.   *Mateo 5:8*

Pero el propósito de nuestra instrucción es el amor nacido de un corazón puro, de una buena conciencia y de una fe sincera.   ***1 Timoteo 1:5***

El arma más efectiva en contra del diablo es el amor, siendo el corazón el instrumento creado para recibirlo y cambiar el alma. Un corazón que ha sido despertado por el amor de Dios no sólo transformará un corazón de piedra, sino que conectada al hombre con Dios.

Y si tuviera el don de profecía, y entendiera todos los misterios y todo conocimiento, y si tuviera toda la fe como para trasladar montañas, pero no tengo amor, nada soy.
1 Corintios 13:2

Todo lo sufre, todo lo cree, todo lo espera, *todo lo soporta.*
1 Corintios 13:7

Amados, Dios creó lo que existe de la sustancia de Su amor, porque Él es amor y es la fuente que sustenta todas las cosas, tanto visibles como invisibles. Por eso, entender cómo funciona nuestro corazón es esencial para experimentar la salvación. Si bien los siguientes versículos se usan para justifican la salvación usando el concepto de creer, uno de los propósitos de este libro es precisamente desafiar el uso común de la palabra "creer".

Que si confiesas **con tu boca a Jesús por Señor, y crees en tu corazón** *que Dios le resucitó de entre los muertos, serás salvo; porque con el corazón se cree para justicia, y con la boca se confiesa para salvación.*
Romanos 10:9-10

La obra de salvación es un proceso que comienza con

creer en el corazón. Recuerdo haber recitado esa Escritura en Romanos y se me dijo que con eso ya era salvo. Sin embargo, sólo experimente pequeños cambios en mi vida y entonces me determiné a saber por qué. Este camino me llevó a descubrir la diferencia entre "creer" con el corazón versus hacerlo con la mente.

Por tanto, amados míos, como siempre habéis obedecido, no como en mi presencia solamente, sino mucho más ahora en mi ausencia, ocupaos en vuestra salvación con temor y temblor... Filipenses 2:12

Cuando uno cree con la mente, esto produce una persona moral, pero que nunca puede ser justa, de acuerdo a Jesús. Yo ni siquiera era moral, pero me consideraba cristiano, debido a una falsa creencia. Desafortunadamente, la Iglesia está llena de este tipo de personas.

• DEFINICIONES Y FUNCIÓN DEL ALMA

Como hemos dicho a lo largo de este libro, la traición de Adán movió el centro de creencias del hombre desde su espíritu a su alma de tal modo que esta última se convirtió en la morada de nuestras emociones, sentidos y voluntad. Ahora bien, el alma fue originalmente creada como un puente que conecta los pensamientos de Dios y Su poder sobrenatural con este mundo visible. En otras palabras, el alma es el lugar donde se establece el cielo en la tierra.

Por su parte, el objetivo del enemigo es producir desorden en el alma de hombre. Esto lo hace corrompiendo su corazón con miedo e incredulidad y manipulando sus emociones y creencias. Esto quiere decir que el alma es la herramienta o instrumento que el diablo usa para destruir nuestra vida. Por eso, quien influye en nuestros pensamientos controla nuestras creencias y comportamientos. Veamos la diferencia entre el alma y el espíritu descrita en Hebreos:

Porque la palabra de Dios es viva y eficaz, y más cortante que toda espada de dos filos; y penetra hasta partir el alma y el espíritu, las coyunturas y los tuétanos, y discierne los pensamientos y las intenciones del corazón.

Hebreos 4:12

La Biblia es más que un libro, es el aliento mismo de Dios, que derroca el dominio del alma y de la mente y nos da un corazón para creer. Si bien la Iglesia entiende el poder de Dios, es incapaz de obtener ese poder sin un corazón convertido. Jesús es la Palabra, y Él tiene el poder para transformar la mente del hombre a Cristo para que podamos así conocer a Dios. Una vez que le conozcamos verdaderamente, nuestra mente olvidará su tendencia a la auto-preservación y buscará su propósito original, el cual es servir al Espíritu.

Amados, hay una consciencia en Cristo que se eleva por encima de esta vida, por encima de ambiciones mezquinas y que es la verdadera autoridad de reino.

Porque ¿quién conoció la mente del Señor? ¿Quién le

instruirá? Mas nosotros tenemos la mente de Cristo.

1 Corintios 2:16

*...y **renovaos en el espíritu** de vuestra mente...*

Efesios 4:23

La siguiente Escritura es un ejemplo de corazones y almas verdaderamente unidas, dando como fruto unidad y completa provisión.

La congregación de los que creyeron era de un corazón y un alma; y ninguno decía ser suyo lo que poseía, sino que todas las cosas eran de propiedad común.

Hechos 4:32

Una de las evidencias más notables de cuando el Espíritu Santo está poseyendo al alma, es la voluntad del individuo para dar. Si en verdad le amamos, habrá una impartición que quebrantará toda estructura, y liberará los recursos que nos ataban al dios de las riquezas. Por el contrario, el egoísmo y la tacañería es la evidencia de un alma que no se ha rendido al amor de Dios.

Desafortunadamente, la falta de generosidad y espontaneidad en dar en la Iglesia de hoy, ha provocado que muchos líderes cristianos pidan dinero de maneras que agreden al Espíritu Santo.

Por ejemplo, hay muchos mensajes que hablan de "la multiplicación al ciento por uno" y que manipulan a las personas para que den, esperando recibir una recompensa de parte de Dios. Si los ministros abrieran los ojos de la gente para que vieran las riquezas de un alma conectada a Cristo Jesús, no habría necesidad de usar métodos que desagradan a nuestro Señor.

La congregación de los que creyeron era de un corazón y un alma; y ninguno decía ser suyo lo que poseía, sino que todas las cosas eran de propiedad común. Con gran poder los apóstoles daban testimonio de la resurrección del Señor Jesús, y abundante gracia había sobre todos ellos. No había, pues, ningún necesitado entre ellos, porque todos los que poseían tierras o casas las vendían, traían el precio de lo vendido, y lo depositaban a los pies de los apóstoles, y se distribuía a cada uno según su necesidad.

Hechos 4:32-35

El corazón y el alma unidos en Cristo Jesús, crean una pasión por dar, que nos permite ver y entrar en las riquezas invisibles de Su gloria.

Lo difícil es cómo producir esa mentalidad en la gente. Por eso, lo que necesitamos entender es que el Reino invisible se hace visible a través de la manifestación de Cristo. Si fuéramos enseñados a depender de Él, todo cambio en la mente no sólo sería posible sino garantizado.

Nuestra alma nunca podrá demostrar el poder de Dios, a menos que hayamos entendido y concebido la realidad de Cristo en Jesús. En otras palabras, Jesús sabía que sólo a través de Su unión con Dios, Su alma se iba a convertir en un instrumento sin pecado, envestido con Su poder y autoridad.

• DEFINIENDO LA MENTE

Cuando hablamos de la mente no hablamos del cerebro, sino del instrumento intangible donde se concibe la inteligencia, el razonamiento y la memoria. Por un lado, para poder evaluar la mente, el hombre aplica tests psicológicos, por otro lado, para investigar el cerebro humano se usan máquinas. El cuerpo físico es el reflejo del hombre espiritual y aunque el cerebro y la mente tienen funciones similares, producen resultados diferentes. La mente fue designada para operar en conjunto con el Espíritu de Dios por medio de un alma y un corazón rendidos a Él.

El alma en manos del enemigo, crea continuamente miedo, incredulidad y duda. La mente produce estas imágenes en el cerebro y eventualmente empieza a destruir el cuerpo. **Por eso, nuestras almas deben estar conformadas a Cristo para poder controlar la actividad de la mente.**

Porque los que viven conforme a la carne, ponen la mente en las cosas de la carne, pero los que viven conforme al Espíritu, en las cosas del Espíritu. Porque la mente puesta en la carne es muerte, pero la mente puesta en el Espíritu es vida y paz; ya que la mente puesta en la carne es enemiga de Dios, porque no se sujeta a la ley de Dios, pues ni siquiera puede hacerlo, y aquellos cuyos corazones están absortos en las cosas terrenales, no pueden agradar a Dios.

Romanos 8:5-7

El consenso general en el mundo actual es que todos los problemas del hombre pueden ser resueltos a través del intelecto y de la ciencia. Esto ha provocado que los medios de comunicación y los intelectuales hagan todo lo posible para eliminar a Dios como el Creador Omnipotente y la única solución para la raza humana. En otras palabras, el hombre dice, *"Yo tomo mis propias decisiones y soy mi propio dios"*. **La verdad es que la ciencia nunca ha creado ninguna ley que gobierne el universo, sólo descubre los principios que Dios usa para mantenerlo en orden.**

Más aún, cualquiera cuyo principal objetivo sea la supervivencia, se asusta con el solo pensamiento de no tener las cosas bajo su control. Esta es la razón principal por la qué el ser humano rehúsa creer que no tiene todas las respuestas.

El hombre cree muy fácilmente en las mentiras de aquel que quiere destruirlo, pero rehúsa creer en Dios, quien murió por él para proporcionarle la verdad. La mente cree en la información con que fue entrenada, no importa si es correcta o falsa.

Por ejemplo, un daltónico que no puede ver la diferencia entre dos colores, su mente interpretará esa información y le convencerá de su validez. Por eso, si el Espíritu Santo se une a nuestra alma en Cristo, nuestra mente se convertirá en una fuerza creativa capaz de influenciar el mundo. Por otro lado, si el alma no es transformada, sólo creará caos y división.

Piensa en esto por un minuto. La mayoría de la

información que escuchamos o vemos habla de muerte y destrucción. Si nuestra mente se alimenta de imágenes y sonidos de esa naturaleza, deseará ese tipo de sensaciones, y aún estímulos más fuertes. Por esta razón las películas se han vuelto cada vez más violentas y vulgares. La mente es el pizarrón del diablo. El enemigo usa imágenes, sonidos, e impresiones de muchas maneras y formas, a fin de asustarnos, y así poder controlar nuestro corazón y alma. Una de las razones del por qué tenemos miedo se debe a que hemos sido entrenados para creer mentiras.

Por ejemplo, si estamos escuchando continuamente que una epidemia de gripe nos está amenazando y que podría infectar al mundo entero, obviamente eso causará miedo. **Eventualmente este se convertirá en una imagen en la mente, manifestando los síntomas en nuestro cuerpo. Las razones por las que pecamos son las mismas por las que nos enfermamos, ya que nos rendimos a las sugerencias del enemigo. Los pensamientos se arraigan en el corazón, a través del miedo, y luego se manifiestan en el cuerpo.**

• INTELIGENCIA DESPUÉS DE LA MUERTE

En mi opinión, un corazón, alma y mente llenos con el amor y conocimiento de Cristo produce que estos prevalezcan después de la muerte. De hecho, la mente de Cristo es un eterno vencedor de la muerte. No estoy hablando del cuerpo físico, sino de la mente transformada por el espíritu que piensa y cree como Jesús, triunfando sobre todo pensamiento de muerte.

Ahora bien, Jesús es capaz de entender nuestros sentimientos, porque Él puede recordar lo que es ser tentado y no pecar (Hebreos 4:15), por lo que creo que podemos experimentar la misma victoria. ¿Por qué Jesús fue capaz de ir al infierno y recuperar todo lo que le fue robado a Adán? Yo creo que fue porque Su mente pudo absorber todo lo mortal contenido en la tumba. Hablo estas cosas porque quiero desafiar la manera en que como cristianos percibimos nuestra vida. Por eso, la popular noción de que todo terminará para nosotros después de la muerte o que tendremos que esperar hasta el retorno de Jesús para poder conquistar, es una mentira del enemigo.

La autoridad de la mente de Cristo es para nosotros ahora, no después cuando estemos muertos, ya que su mente va más allá de esta vida y de esa tumba. Por eso, en la medida que nuestro espíritu esté conectado con Su Espíritu, tesoros que no han sido descubiertos se revelarán.

Creo que esto era a lo que Pablo estaba aludiendo cuando describe a Jesús en la siguientes Escrituras.

Y esto es aun más evidente, si a semejanza de Melquisedec se levanta un sacerdote distinto, no constituido conforme a la ley del mandamiento acerca de la descendencia, sino según el poder de una vida indestructible.

Hebreos 7:15,16

*Por tanto, **nosotros también,** teniendo en derredor nuestro tan grande nube de testigos, despojémonos de todo* *peso y del pecado que nos asedia, y corramos con paciencia la carrera que tenemos por delante...* Hebreos 12:1

Aquellos que estén unidos con sus espíritus y almas a Cristo experimentarán el cielo, antes de su muerte física. Y el propósito de estas experiencias es para formar una manera de creer capaz de gobernar y reinar por los siglos de los siglos. Menciono esto porque quiero desafiar todo nuestro sistema de creencias y cambiar paradigmas. Yo mismo tuve que salir de las zonas confortables en las que estaba para explorar la Biblia como nunca antes. Por lo tanto, si abordamos las Escrituras con un corazón puro para ver a Dios, y no motivados más que por conocer al Padre de la manera que Jesús lo hizo, el Espíritu Santo nos protegerá para no desviarnos. Los problemas prevalecen siempre en aquellos que no tienen propósitos puros.

Cada vez que el Señor me ha permitido visitarle en el cielo, mi mente ha sido alterada para entender Su Palabra de una forma más profunda. Hubo un tiempo en que el Señor me llevó al cielo y escuché que me decía lo que Él dijo en Mateo 8:22: *"Sígueme; deja que los muertos entierren a sus muertos"*. Inmediatamente, vi gente, aparentemente muerta, caminando con una oscura mortaja sobre sus ojos, tratando de remover un velo muy ajeno a otros que estaban alrededor, y que brillaban como luz.

Después de poner más atención a lo que estaba mirando, pude ver que algunas personas que brillaban me traían la imagen mental del Monte de la Transfiguración. En ese momento, el Espíritu me recordó que Jesús fue capaz de ver y hablar con Elías y Moisés durante su encuentro. Empecé a meditar en esa experiencia, y verdaderamente creo, que a través de ella, Jesús me estaba permitiendo ver un ejemplo de la inteligencia después de la muerte.

Moisés le pidió a Dios que le dejara ver Su Gloria, y ese deseo, lo consumió de tal manera que Dios lo resucitó del seno de Abraham para cumplir el deseo de su corazón en la persona de Jesús. **Con esto quiero decir que los pensamientos y deseos originados del Espíritu dejan una huella eterna aún en un cuerpo físico. De esta manera, el poder del mundo espiritual es visible a través del corazón y la mente.**

Y aconteció que al sepultar unos a un hombre, súbitamente vieron una banda armada, y arrojaron el cadáver en el sepulcro de Eliseo; y cuando llegó a tocar el muerto los huesos de Eliseo, revivió, y se levantó sobre sus pies.

2 Reyes 13:21

• DEFINIENDO EL CUERPO

Sabemos que el cuerpo es controlado por la mente, pero la pregunta aquí es ¿cuánto de nuestra mente es controlada por Cristo? La respuesta a esta pregunta determina el nivel de sanidad que poseemos, ya que el cuerpo en sí mismo no puede tomar la decisión de pecar, es en nuestra alma donde el mal se concibe.

Huid de la fornicación. Todos los demás pecados que un hombre comete están fuera del cuerpo, pero el fornicario peca contra su propio cuerpo. *1 Corintios 6:18*

Nuestro cuerpo fue creado para obedecer a Dios a través de la mente, el alma y el corazón. Por lo tanto, una vez que el Espíritu Santo está en control, toda enfermedad y malestar desaparecerán. Jesús nos mostró el mayor ejemplo de un cuerpo que estaba tan lleno de la gloria de Dios, que hasta sus ropas resplandecían en el Monte de la Transfiguración. Veamos:

Y les decía: En verdad os digo que hay algunos de los que están aquí que no probarán la muerte hasta que vean el reino de Dios después de que haya venido con poder. Seis días después, Jesús tomó consigo a Pedro, a Jacobo y a Juan, y los llevó aparte, solos, a un monte alto; y se transfiguró delante de ellos; y sus vestiduras se volvieron resplandecientes, muy blancas, tal como ningún lavandero sobre la tierra las puede emblanquecer.

Marcos 9:1-3

Jesús les dice a Sus discípulos que sólo algunos de ellos verán el poder del Reino antes de que mueran físicamente. Entonces, Él lleva a tres de ellos a la cumbre del monte, para enseñarles que Él Mismo es el reino, el poder y la gloria en persona. Moisés y Elías aparecen para representar a la ley y a los profetas, como testigos de la gloria de Dios. Jesús resplandeció mucho más que el sol del mediodía, mostrándoles la Jerusalén Celestial descrita en Apocalipsis.

La ciudad no tiene necesidad de sol ni de luna que brillen en ella; porque la gloria de Dios la ilumina, y el Cordero es su lumbrera. *Apocalipsis 21:23*

Esta visión de Jesucristo rebosando con el Espíritu Santo en cada centro de Su Ser, debería ser el deseo de cada corazón. El Espíritu Santo debe tener acceso ilimitado y sin impedimento alguno a nuestro corazón, alma y cuerpo. Esta manifestación no sólo está disponible para aquellos que lo desean, sino que es un requisito para quienes quieren creer como Él cree. No existe sombra alguna en esta gloria, las sombras son los lugares de duda y de incredulidad. Jesús le mostró a Pedro, a Santiago, y a Juan, más allá de las palabras y de los milagros, la manera de convertirse en un ser humano victorioso sobre cualquier cosa que existe en esta tierra. Básicamente, Dios se derrama a Sí Mismo en Jesús, que es el instrumento santificado. Nuestra santificación es un trabajo del Espíritu Santo, que requiere nuestra muerte en cada área de nuestro ser.

Su Padre confirma el poder en esta imagen, cuando dice, "a Él oíd". En otras palabras, si deseas la transformación y la transfiguración en cada célula de tu ser, solo escúchalo a Él. **El poder reside en Sus palabras.** Jesús nos da la clave de cómo poder alcanzar ese nivel, cuando habla de los dos mandamientos más importantes.

*El segundo es éste: "Amarás a tu prójimo como a ti mismo." No hay otro mandamiento mayor que éstos. Y el escriba le dijo: Bien dicho, Maestro; con verdad has dicho que Él es uno, y no hay otro además de Él; y que amarle con todo el corazón y con todo el entendimiento y con todas las fuerzas, y amar al prójimo como a uno mismo, es más que todos los holocaustos y los sacrificios. Viendo Jesús que él había respondido sabiamente, le dijo: **No estás lejos del***

reino de Dios. *Y después de eso, nadie se aventuraba a hacerle más preguntas.* Marcos 12:31-34

Aquel hombre no estaba lejos del reino, aunque Jesús no había derrotado a la muerte, pero reconoció que era un ser tripartito y que necesitaba santificación y amor, primero debía demostrárselo a Dios y luego a su vecino.

CAPITULO 15

LA FUERZA QUE UNE ES EL AMOR

El amor es el poder que el Espíritu Santo usa para comenzar la transformación. Primero, el amor invade nuestro espíritu para cambiar el corazón de piedra, y entonces, nos guía a través de la santificación del alma y de la mente, con una eventual sanidad de nuestro cuerpo.

Este extraordinario proceso establece una relación con el Padre. Sin embargo, esto no se detiene en nosotros, debemos amar a nuestro prójimo con el mismo entusiasmo con el que el Espíritu Santo nos ha amado. Por eso, nuestra relación con el Padre Celestial nos demanda que seamos responsables por otros.

*Pero queriendo él justificarse a sí mismo, dijo a Jesús: Y, **¿quién es mi prójimo?** Respondiendo Jesús, dijo: Cierto hombre bajaba de Jerusalén a Jericó, y cayó en manos de salteadores, los cuales después de despojarlo y de darle golpes, se fueron, dejándolo medio muerto. Por casualidad cierto **sacerdote** bajaba por aquel camino, y cuando lo vio, pasó por el otro lado del camino. Del mismo modo,* *también un levita, cuando llegó al lugar y lo vio, pasó por el otro lado del camino. Pero cierto **samaritano,** que iba de viaje, llegó a donde él estaba; y cuando lo vio, tuvo compasión, y acercándose, le vendó sus heridas, derramando aceite y vino sobre ellas; y poniéndolo sobre su propia cabalgadura, lo llevó a un mesón y lo cuidó. Al día siguiente, sacando dos denarios, se los dio al mesonero, y dijo: "Cuídalo, y todo lo demás que gastes, cuando yo regrese te lo pagaré." ¿Cuál de estos tres piensas tú que demostró ser prójimo del que cayó en manos de los salteadores? Y él dijo: El que tuvo misericordia de él. Y Jesús le dijo: Ve y haz tú lo mismo.*

Lucas 10:29-37

Los hombres religiosos que se ilustran en esta parábola nunca impresionaron a Jesús. Sin embargo, los Samaritanos con quienes los judíos nunca se relacionaban, pero que vivían bajo la ley, eran más justos que ellos. **Jesús estaba demostrando que el amor trasciende y une trayendo el reino de Su Padre.**

La redención debe tomar lugar en cada parte del espíritu, alma y cuerpo para que podamos creer como lo hizo Jesús. Nuestra realidad debe ser la misma del reino de Dios, de ahí entonces que el objetivo del Espíritu Santo sea transformarnos completamente a la semejanza de Cristo Jesús, Quien es el reino Vivo de Dios. Si tú no estás experimentando la vida sobrenatural del reino en cada centro de tu ser, entonces, yo quiero orar contigo.

"Espíritu Santo, de la misma forma como me abriste los ojos, para que pudiera ver la verdad de tu maravilloso proceso de purificación en cada área de mi vida, así también te pido que hagas lo mismo, por la persona que está haciendo esta oración. En este momento, Señor, aviva su corazón, para que reciba la verdad acerca de Quién eres Tú. Tú eres tan precioso, y te estoy pidiendo que toques a esta persona, aquí donde se encuentra, en este momento. Gracias Jesús. Amén".

SECCION V

EL VERDADERO CRISTIANISMO

CAPITULO 16

LA TRANSFORMACION VISIBLE DEL HOMBRE

La mayor parte de mi vida la he dedicado a la búsqueda de Jesús y he escuchado diferentes tendencias, y creencias de muchos cristianos. Una de las cosas que más me ha impactado, es el número de doctrinas "proféticas" enfocadas en los sucesos futuros de la Iglesia. Mi propósito aquí no es discutir esas doctrinas, sino reubicar nuestro objetivo.

La Iglesia ha estado adormecida con la promesa del poder que tendrá en el futuro. Sin embargo, esta impartición de poder, que ha estado esperando, ya sucedió.

En verdad, en verdad os digo que viene la hora, y ahora es, cuando los muertos oirán la voz del Hijo de Dios, y los que oigan vivirán.   *Juan 5:25*

Ya está aquí el juicio de este mundo; ahora el príncipe de este mundo será echado fuera.

Juan 12:31

Pero la hora viene, y ahora es, cuando los verdaderos adoradores, adorarán al Padre en espíritu y en verdad; porque ciertamente a los tales el Padre busca que le adoren.

Juan 4:23

Estas escrituras revelan que Dios busca adoradores ahora, habla además de la vida eterna y el poder sobre el enemigo, pero el poder que ha de venir, y que estamos esperando, ya ha sido liberado a través de Jesús. La realidad de la mayoría de la gente que piensa de esta manera no ha sido enseñada adecuadamente a llenarse del Espíritu Santo. Por lo tanto, prefieren creer en sus propias doctrinas en vez de caminar en el espíritu y confiar en que aquello que no ven.

Que tendrán apariencia de piedad, pero negarán la eficacia de ella; a éstos evita... 2 Timoteo 3:5

La época en que vivimos demanda una nueva generación que se levante y lidere. Los Josués y los Calebs deben dejar a los que morirán en el desierto, y sonar las alarmas para aquellos que conocen a su Señor. Estamos en una guerra, pero igual como en los días de Jesús, los peores enemigos están en las doctrinas religiosas.

Ciertamente hay muchas iglesias y muchos líderes que están hablando y denunciando lo que está mal. **Sin embargo, otras muchas, son sólo otra filosofía o religión que nos ayuda a ser una sociedad moralmente correcta.** Jesús no sólo vino a salvar almas, sino que vino también a salvar al ser humano en su totalidad, Él vino a rescatar nuestros cuerpos, mentes, almas y espíritus. **Por lo tanto, el mensaje del reino se relaciona con justicia, paz y gozo.**

De esta manera, el propósito de Dios a través de Jesucristo no es sólo moral, sino inmortal, es decir, el ser humano transfigurado, transformado, y transmutado en la sustancia misma y en la semejanza de Jesús. Una definición de transmutado es cambiar algo o alterarlo en su forma, en su apariencia, o en su naturaleza, llevándolo a algo superior. Esta es la mentalidad que Jesús poseyó para creer como Su Padre.

Si nuestras vidas están siendo transformadas, debemos demostrar justicia en nuestros espíritus, paz y gozo en nuestras almas y salud en nuestros cuerpos. Con esto quiero decir que debemos convertir todos los aspectos de nuestra vida, tal como lo hizo Jesús al costo que sea necesario. Si para cambiar nuestra vida actual, nuestras creencias se enfocan en el futuro, entonces son una filosofía que jamás nos transformará en el presente.

CAPITULO 17

UNA CONVERSION SOBRENATURAL

Debemos entender que el poder relacionado con el Cristianismo es superior a cualquier otro sistema de creencias del universo. Este mundo está lleno de religiones, psicologías y filosofías, cuyo propósito es controlar al hombre, ofreciéndole un falso sentido de seguridad para el futuro. Por eso es importante entender, más allá de cualquier duda, la diferencia entre el verdadero cristianismo y las filosofías existentes.

Muchas de las enseñanzas de este mundo fueron creadas antes del nacimiento de Jesús. Así por ejemplo, el Bhagavad-Gita, libro sagrado del Hinduismo, fue escrito 800 años antes de Isaías, Buda y Confucio vivieron 500 años antes de Cristo. Otras posteriores a Jesús tomaron de sus enseñanzas y las tergiversaron tales como las de Mahoma, el profeta de los musulmanes, y las de Joseph Smith de los mormones.

Estos textos escritos acerca de sus creencias se parecen a los enseñados por Jesús, la gran diferencia está en que sus vidas terminaron en la muerte, y aunque sus filosofías pueden ofrecen esperanza, nunca conquistaron su propia tumba. Todos ellos están muertos y enterrados junto con sus creencias.

El Cristianismo, en cambio, comienza en la tumba, donde terminan todas las filosofías. Jesús no sólo resucitó de la muerte, sino que la venció, entrando en las regiones de muerte y el infierno, tomando del diablo el poder que impedía al alma del hombre alcanzar la eternidad. Pero no solo eso, Jesús también tomó el arma que controlaba su mente en esta vida, la cual es el miedo a morir.

Creo que esa parte de Su ministerio fue comprendida mucho mejor durante el tiempo de la Iglesia Primitiva que hoy. Creo, además, que la victoria alcanzada por Jesús en el infierno está descrita claramente en todo el libro de Apocalipsis.

> *y el que vivo, y estuve muerto; mas he aquí que vivo por los siglos de los siglos, amén. Y tengo las llaves de la muerte y del Hades.* Apocalipsis 1:18

La ciencia dice que para entender el poder usado por Dios para resucitar a Jesús de la muerte, tendrías que imaginarte la energía de una explosión nuclear multiplicada por un millón. **Con esto quiero decir que la muerte nunca ha desafiado la vida y la luz del Hijo de Dios, ya que precisamente la mente de Cristo, es el poder sobre el pecado, la enfermedad y la muerte.**

Pero Jesús no sólo estaba interesado en la resurrección,

sino también en la reposición de las estructuras de poder que mantuvieron al hombre cautivo desde su caída, lo que implica también nuestras creencias. Por esta razón, Él retornó de la muerte con el poder y la habilidad para gobernar y ordenar todas las cosas. En otras palabras, Jesús hizo de Su fe y mente una realidad visible.

El triunfo y la victoria obtenida por Él, al conquistar el infierno y la muerte, fue soplaba en los espíritus de Sus discípulos cuando se apareció ante ellos y les dijo: *"Recibid el Espíritu Santo" (Juan 20:22).*

En ese momento, el poder de la muerte, fue quebrado en sus mentes, corazones y almas; y los mismos hombres que días atrás corrieron asustados para salvar sus propias vidas, sacudirían al mundo con Su evangelio y poder.

El Cristianismo no está fundado en meras declaraciones de fe, el secreto del Cristianismo y la salvación requiere morir y resucitar EN ÉL. Un cristiano no es aquel que recita un pasaje particular o el que hace la "oración del pecador", sino el que cree en Cristo desde su interior.

• LA SALVACIÓN

La salvación ocurre cuando existe un conocimiento consciente de Cristo unido con el espíritu del hombre, en el que somos conscientes de esta fusión. El verdadero Cristianismo es la manifestación de esa unión echa visible en nuestro pensamiento y comportamiento. En otras palabras, nuestras creencias son siempre el reflejo de la fuente que domina los pensamientos. De esta manera, una vez que nuestro espíritu se una con Él, el alma reflejará la majestuosidad de Cristo. Cada filosofía o religión carece del poder para cambiar algo desde su esencia, lo que enseña es cómo suprimir los sentimientos y deseos para que su religión sea aceptada. Sólo el poder espiritual del Cristo viviente puede transformarnos verdaderamente desde nuestro interior.

El Cristianismo, como tal, se encuentra en el marco de lo sobrenatural, las filosofías, en cambio, son todas naturales. Jesús no sólo nos salvó de nuestros pecados, sino que también cambió nuestra naturaleza, de modo que podamos convertirnos en Él. Piensa en esto, Jesús puede tomarnos, y hacernos verdaderos Hijos de Dios, completos y con todas Sus características vencedoras.

• UNA CONVERSIÓN REAL

Creo que una verdadera experiencia de conversión ocurre cuando el Espíritu Santo despierta al espíritu del hombre por medio de la concientización de la paternidad de Dios, que es Cristo Jesús. La unión voluntaria con Él requiere que todo aquello que impide Su conocimiento y amor sea removido.

El pecado es lo que ciega el alma, y aparta a Dios de nuestra mente. La verdadera concientización del hombre ocurre en el mundo espiritual con ese reconocimiento.

Jesús destruyó todo derecho legal que el pecado pudiera tener en la mente del hombre. Después de eso, el ser humano tiene la libertad de escoger si sirve al alma o al espíritu, y esto determinará su vida después de la muerte.

Si podemos ver a Dios como nuestro Padre, aunque sea por medio de un breve encuentro, el amor inundaría nuestro espíritu, trayéndonos unidad con Dios. Ese encuentro celestial nos imparte una mentalidad, que va más allá de cualquier filosofía o religión. El amor inunda nuestra alma con la realidad de la absoluta impotencia en que nos encontramos sin Jesús.

Este es el comienzo de la salvación, la que se inicia con la redención del alma y la mente del hombre desde su propio ser al Espíritu de Dios. El resultado de esa experiencia, es el despertar al Reino de Dios.

Obteniendo, como resultado de vuestra fe, la salvación de vuestras Almas.   *1 Pedro 1:9*

Por lo tanto, nuestra alma nunca será salva por completo hasta que no seamos redimidos de nuestro "yo". El ego y el orgullo del ser humano son la máscara construida y usada por el pecado para ocultar nuestra vergüenza. La imagen de Adán y Eva cubiertos con hojas de higuera es una clara analogía de esto. La cruz de Cristo es la máxima humillación que Él llevó sobre sí para que pudiéramos ser libres de adorar Su reinado sobre nuestro adversario, el diablo.

Jesús dijo que aquellos que quisieran ser Sus discípulos tendrían que tomar Su cruz. En otras palabras, Él expuso a vituperio su ego para que toda la raza humana humillada y mutilada pudiera entrar en Su reino.

CAPITULO 18

EL ESPIRITU Y EL ALMA DEBEN ENTRAR AL REINO DE DIOS

Comenzamos nuestra discusión definiendo un sistema de creencias, y la forma en que se relaciona con nuestra condición actual. Dijimos también que todos nosotros reflejamos diariamente la realidad de lo que creemos. Por ejemplo, los discípulos que estaban siguiendo a Jesús, tenían comportamientos que indicaban incredulidad, es por eso que Él les preguntó Quién "creían" ellos que era Jesús.

El les dijo: Y vosotros, ¿quién decís que soy yo? Respondiendo Simón Pedro, dijo: Tú eres el Cristo, el Hijo del Dios viviente. Entonces le respondió Jesús: Bienaventurado eres, Simón, hijo de Jonás, porque no te lo reveló carne ni sangre, sino mi Padre que está en los cielos. Mateo 16:15-17

Por supuesto que Jesús estaba mucho más interesado en Quién era Él para Sus discípulos, que en la opinión popular del resto de la gente. Las Escrituras nos ilustran la diferencia entre el espíritu y el alma de Pedro, a través de esta pregunta.

Pedro demuestra cómo una persona puede entrar al Reino de Dios, por medio de una revelación en su espíritu, y acto seguido salirse al tratar de procesar la misma revelación en su alma y mente.

Entonces ordenó a los discípulos que a nadie dijeran que El era el Cristo. Desde entonces Jesucristo comenzó a declarar a sus discípulos que debía ir a Jerusalén y sufrir muchas cosas de parte de los ancianos, de los principales sacerdotes y de los escribas, y ser muerto, y resucitar al tercer día. Y tomándole aparte, Pedro comenzó a reprenderle, diciendo: ¡No lo permita Dios, Señor! Eso nunca te acontecerá. Pero volviéndose El, dijo a Pedro: ¡Aléjate de mí, Satanás! Me eres piedra de tropiezo; porque no estás pensando en las cosas de Dios, sino en las de los hombres.

Mateo 16:20-23

La revelación de Cristo es el material desde el cual es formada la roca y esta roca es la base inamovible de la Iglesia. Por eso, las puertas del infierno no prevalecen en contra de la sustancia de Cristo, manifestada en el creyente. **El fundamento está construido sobre La voz profética no sobre carne ni sangre, esto es lo que hace que el reino avance y lo que detiene al infierno.**

La revelación de Cristo nos compele a obedecer, lo que crea en nosotros, Su sustancia que se hace visible en nuestra forma de creer. Como consecuencia, la sustancia de Cristo, revelará Su carácter en nosotros y Aquel en quién creemos y confiamos. Jesús le dijo a Pedro que la revelación y la profecía son la base para entrar en el reino. **El Espíritu nos hace nacer en Su reino, y desde ese punto en adelante debemos depender y creer sólo en el Espíritu Santo.** En la siguiente Escritura Pedro mostrará nuevamente la dificultad para permanecer en la dimensión espiritual.

> *Seis días después, Jesús tomó a Pedro, a Jacobo y a Juan, y los llevó aparte solos a un monte alto; y se transfiguró delante de ellos. Y sus vestidos se volvieron resplandecientes, muy blancos, como la nieve, tanto que ningún lavador en la tierra los puede hacer tan blancos. Y les apareció Elías con Moisés, que hablaban con Jesús. Entonces Pedro dijo a Jesús: Maestro, bueno es para nosotros que estemos aquí; y hagamos tres enramadas, una para ti, otra para Moisés, y otra para Elías. **Porque no sabía lo que hablaba,** pues estaban espantados. Entonces vino una nube que les hizo sombra, y desde la nube una voz que decía: Este es mi Hijo amado; **a él oíd.*** Marcos 9:2-7

La mentalidad religiosa de Pedro quería construir tres tabernáculos olvidándose de la revelación de Jesús como el Cristo. **Este es un ejemplo de cómo nuestro espíritu está recibiendo revelación, mientras nuestra alma se mantiene al margen de lo invisible. Pero la revelación de Cristo debe transformar nuestra alma, después de manifestarse en nuestro espíritu.** En este sentido, la realidad de la conversión de Pedro en el reino sólo fue visible después del día de Pentecostés.

Y hecho este estruendo, se juntó la multitud; y estaban confusos, porque cada uno les oía hablar en su propia lengua. Y estaban atónitos y maravillados, diciendo: Mirad, ¿no son galileos todos estos que hablan?   Hechos 2:6, 7

Todo aquel que cree que Jesús es el Cristo, es nacido de Dios; y todo aquel que ama al que engendró, ama también al que ha sido engendrado por él.   1 Juan 5:1

Mientras más tratemos de comprender la palabra "creer", más obvio será lo poco que entendemos el significado absoluto de ella. Nuestro uso de este vocablo, debe proyectar una confianza inamovible, e inquebrantable en el conocimiento de Jesús. Lamentablemente, lo profético no es parte de muchas iglesias, consecuentemente, encontramos en ellas, sistemas religiosos de "carne y sangre" en vez de una iglesia profética que destruya el infierno y la muerte por medio del espíritu y la profecía.

Pues el testimonio de Jesús es el espíritu de la profecía.
                        Apocalipsis 19:10b

Nuestras creencias erróneas nos impiden ir más profundo en Jesús, pero el Espíritu Santo es quien revela y nos trae TODA LA VERDAD. Él nos adentra en la realidad de Cristo.

Pero cuando El, el Espíritu de verdad, venga, os guiará a toda la verdad, porque no hablará por su propia cuenta, sino que hablará todo lo que oiga; y os hará saber lo que habrá de venir.   Juan 16:13

Jesús tuvo que reprender a Sus discípulos en muchas ocasiones debido a su incredulidad. Esto impidió que Él les mostrara, en forma mucho más profunda, el alcance de Su mente vencedora, al describirles los eventos futuros:

Jesús sabía que querían preguntarle, y les dijo: ¿Estáis discutiendo entre vosotros sobre esto, porque dije: "Un poco más, y no me veréis, y de nuevo un poco, y me veréis"? En verdad, **en verdad os digo que lloraréis y os lamentaréis, pero el mundo se alegrará;** *estaréis tristes, pero vuestra tristeza se convertirá en alegría.* **Cuando la mujer está para dar a luz, tiene aflicción, porque ha llegado su hora; pero cuando da a luz al niño, ya no se acuerda de la angustia, por la alegría de que un niño haya nacido en el mundo.** *Por tanto, ahora vosotros tenéis también aflicción; pero yo os veré otra vez, y vuestro corazón se alegrará, y nadie os quitará vuestro gozo. En aquel día no me preguntaréis nada. En verdad, en verdad os digo:* **si pedís algo al Padre, os lo dará en mi nombre. Hasta ahora nada habéis pedido en mi nombre; pedid y recibiréis, para que vuestro gozo sea completo.**

Juan 16:19-24

Jesús estaba explicando el misterio por el cual, todos los seres humanos pueden entrar al Reino de Dios. La analogía de una mujer que va a dar a luz, no fue una mera coincidencia, sino una imagen del proceso que se necesita, para que podamos ver a Jesús.

La tristeza que experimentamos cuando venimos a Jesús a través del Espíritu Santo, es la reacción natural causada por el arrepentimiento, al darnos cuenta que todos los hombres, como descendientes del primer Adán, somos responsables por Su crucifixión. Sin embargo, esa tristeza se convierte en gozo, cuando nuestro corazón ve a Jesús, cuando creemos verdaderamente. Entonces es que podemos pedir cualquier cosa en Su nombre, porque ya lo conocemos, y por lo tanto, nuestra petición será contestada.

Si tú estás pidiendo algo en Su nombre, y no has recibido ninguna respuesta, esto se podría deber a que estás creyendo solo en tu mente.

Ahora entendemos que tú sabes todas las cosas, y no necesitas que nadie te pregunte; por esto creemos que tú viniste de Dios. Jesús les respondió: ¿Ahora creéis?

Juan 16:30-31

CAPITULO 19

LOS HIJOS DEBEN PASAR LA PRUEBA

Nuestra incredulidad siempre está limitando a Jesús. La mente es un continuo campo de batalla, que debe ser sometida al control del Espíritu Santo, para crecer en la plenitud para la cual hemos sido diseñados.

Por eso Jesús le dijo a Pedro, *"Te estoy dando las llaves del Reino de los Cielos"*. ¿Por qué le ofrecería Jesús estas llaves a alguien a quien reprendería a los pocos días, y que además, lo negaría? **Dios está buscando Hijos, y está dispuesto a confiarnos las llaves de Su Reino para probar nuestro corazón.**

La buena noticia es que, si le pertenecemos, entonces, no fallaremos la prueba. La mala noticia es, que tenemos que seguir tomando esta prueba hasta que logremos pasarla. Reconozco que en mis primeros días como cristiano, tenía que pasar por la misma prueba muchas veces. Te daré un ejemplo de una de mis muchas tribulaciones:

He apoyado a muchos ministros famosos por varias razones, pero principalmente, debido al hambre que tenía por las manifestaciones espectaculares del poder de Dios. Durante muchos años, asistí a conferencias gigantescas de miles de personas. Mi objetivo era que el Señor me tocara. Me sentaba en las primeras filas para incrementar las posibilidades de cumplir con mis ambiciones, pero desafortunadamente, la mayoría de la gente que estaba ahí, tenía el mismo objetivo. **La ubicación física o la posición donde me iba a sentar, se convirtió en algo mucho más importante que la posición espiritual de mi corazón.**

La triste verdad era que estaba más interesado en la atención de los hombres, y en aparentar que yo era "espiritual". Por lo tanto, hacía todo lo que podía para obtener esos asientos en primera fila. La mayor parte del tiempo significaba, incluso, mentir, hacer trampa, y en ocasiones, estuve a punto de golpear a alguien. ¡Que santo se debe haber visto todo esto ante el Señor!

Un día el Espíritu Santo me preguntó, *"¿Me amas?","Por supuesto que te amo",* fue la respuesta. *"Entonces, esta noche, siéntate en la parte de atrás del auditorio, y no te muevas, aunque te llamen por tu nombre".* Entonces, el Señor atrajo mi atención hacia una anciana muy pequeña, que estaba en la última fila, orando de rodillas. Ella estaba clamando a Dios de tal manera que la gente le pedía que se callara.

El Señor me dijo, ***"Todos los que no me conocen, creen que existe un atajo para llegar a Mí. Sin embargo, los que tienen pasión por Mí, no están satisfechos con*** *la forma en que otros me conocen. Esa anciana tiene verdadera pasión por Mí".*

Mi inmadurez me devastó por completo, incluso, comencé a cuestionar mi propia salvación. Mi arrepentimiento continuó hasta bien pasada esa noche y no fue sino hasta que decidí conocer a Cristo Jesús en profundidad, que la paz vino, y la prueba terminó.

La revelación que recibimos en todos los niveles, siempre nos prueba y revela nuestro carácter. Aquellos cuya alma y mente no están santificadas, serán destruidos por los mismos dones de Dios.

Jesús le dijo a Pedro que satanás deseaba zarandearlo como a trigo. Pablo recibió un aguijón debido a la revelación del Espíritu Santo. La revelación llamará la atención del enemigo, y Dios usará al diablo, para santificarnos por medio de las pruebas. Pedro y Pablo son dos ejemplos de este principio.

La revelación de Jesucristo comienza con una obra dentro de ti, que cristaliza mucho de lo que has leído hasta ahora. Oro para que el Espíritu Santo te hable en este mismo momento acerca del nivel de Cristo Jesús, que ha impregnado tú espíritu, alma, y cuerpo.

SECCION VI

LA FUENTE DE NUESTRA CONFIANZA

CAPITULO 20

BEBIENDO DEL AGUA VIVA

La siguiente historia es una imagen de un encuentro divino entre una mujer Samaritana y Jesús. Te pido que abras tu espíritu y permitas que el Espíritu Santo te llene con el agua viva. Jesús había dejado Judea debido a que los líderes religiosos de la región querían crear celos entre los creyentes.

Es interesante lo que ocurre aquí, ya que Jesús no se defiende sino que decide irse. **A menudo, la gente se interesa más en el marco religioso para defender su propia imagen en lugar de ir hacia lo desconocido para ser formado por el Espíritu.**

Por tanto, cuando el Señor supo que los fariseos habían oído que El hacía y bautizaba más discípulos que Juan (aunque Jesús mismo no bautizaba, sino sus discípulos), salió de Judea y partió otra vez para Galilea. Y tenía que pasar por Samaria.   Juan 4:1-4

Jesús se encuentra cansado y sediento físicamente, por

eso decide sentarse al lado de un pozo en Samaria, y le pide agua a una mujer samaritana. Sin embargo, el Señor le estaba pidiendo algo más que simple agua.

> *Llegó, pues, a una ciudad de Samaria llamada Sicar, cerca de la parcela de tierra que Jacob dio a su hijo José; y allí estaba el pozo de Jacob. Entonces Jesús, cansado del camino, se sentó junto al pozo. Era como la hora sexta.* **Una mujer de Samaria vino a sacar agua, y Jesús le dijo: Dame de beber.** *Pues sus discípulos habían ido a la ciudad a comprar alimentos. Entonces la mujer samaritana le dijo: ¿Cómo es que tú, siendo judío, me pides de beber a mí, que soy samaritana? (Porque los judíos no tienen tratos con los samaritanos.)* **Respondió Jesús y le dijo: Si tú conocieras el don de Dios, y quién es el que te dice: "Dame de beber", tú le habrías pedido a Él, y Él te hubiera dado agua viva.**
>
> *Juan 4:5-10*

Jesús está llegando a tu pozo en este momento, y te está pidiendo de tus recursos, en los cuales descansa tu fuerza y tu confianza. Nuestros pozos pueden ser: popularidad, estatus social, dinero, o cualquier otra cosa en la que creemos o en lo que basamos nuestra seguridad. Jesús te lo está pidiendo hoy mismo, ¿por qué? Él nos da la razón en el siguiente versículo:

> *Respondió Jesús y le dijo: Si tú conocieras el don de Dios, y quién es el que te dice: "Dame de beber", tú le habrías pedido a Él, y El te hubiera dado agua viva.*
>
> *Juan 4:10*

Pero tal vez puedes estar pensando, *"Yo conozco a Jesús. Él es mi Salvador y mi Señor".* ¿Realmente lo es? ¿En qué crees, y por qué crees lo crees? O ¿aquello en lo que crees es suficiente para suplir cada una de tus necesidades?

Muchos de los cristianos de hoy están tan contentos en sus "pozos", que no reconocen a Jesús, pero Él nos está pidiendo que le entreguemos nuestra seguridad, nuestras fuerzas, o sea, nuestros sistemas de creencias. Tal vez, esta es la razón de por qué tantos pastores predican acerca de dar, del dinero, que sin duda representa la máxima seguridad de la gente.

Ella le dijo: Señor, no tienes con qué sacarla, y el pozo es hondo; ¿de dónde, pues, tienes esa agua viva? ¿Acaso eres tú mayor que nuestro padre Jacob, que nos dio el pozo del cual bebió él mismo, y sus hijos, y sus ganados? Respondió Jesús y le dijo: Todo el que beba de esta agua volverá a tener sed, pero el que beba del agua que yo le daré, no tendrá sed jamás, sino que el agua que yo le daré se convertirá en él en una fuente de agua que brota para vida eterna. *La mujer le dijo: Señor, dame esa agua, para que no tenga sed ni venga hasta aquí a sacarla.*
Juan 4:11-15

La respuesta de la mujer es similar a la de muchos que creen en este mundo como la fuente para suplir sus necesidades en lugar de enfocarse en Jesús. De hecho, muchos cristianos buscan los "pozos de Jacob". Después de todo, Jacob es el nieto de Abraham, uno de los hombres más ricos de acuerdo a las Escrituras. En la actualidad, muchos mensajes hablan de la prosperidad de Abraham como prueba de fe, pero el agua de este mundo nunca satisfacerá, aunque pareciera proveer de los recursos físicos necesarios. Sólo el agua viviente de Cristo es la única capaz de satisfacer el espíritu, el alma y el cuerpo, y a esto, se agrega la abundancia material.

• EL DÍA EN QUE PROBÉ DE JESÚS

Jesús ofrece agua viva a aquellos con sed de Él. Jesús no es una filosofía, ni religión ni una fórmula. Yo fui transformado radicalmente la primera vez que probé del agua viva de Cristo. Había estado tratando de sobrevivir con las aguas de este mundo, pero mientras más bebía de ellas, más sed tenía. **Querer más de esas aguas que no satisfacían mi sed, me estaba consumiendo.**

Finalmente, en ese vacío y desesperación, clamé por agua como un hombre sediento lo haría en el desierto. Entonces, y sólo entonces, me encontré con el agua viva en la persona de Jesús. Sólo un trago de Él, fue suficiente para entender que Él era el único que podría llenar el deseo de mi alma. Un día, salí a caminar en el desierto de California, fascinado por la belleza y lo alejado del camino.

Al poco andar, me di cuenta que estaba perdido **y la idea de no tener suficiente agua me daba sed,** a pesar de que traté de mantener la calma, mi mente despiadadamente me invadía con imágenes de sed. Bebía el agua de mi cantimplora, pero el miedo a no tener suficiente me deshidrataba, mientras más tomaba, más sediento me sentía. Finalmente, pude encontrar la huella que me permitió volver a casa.

Esta analogía de estar perdido en esta vida, bebiendo del agua de este mundo sin poder satisfacer mi sed es muy poderosa. Amado, quizás tú no has vivido esta experiencia, pero tómate el tiempo para buscar en tu alma la verdad. ¿Has probado de Jesús? O tal vez has tratado de llenar tu vacío con el agua de este mundo.

No dejes que el enemigo siga mintiéndote, las aguas de la religión o el conocimiento secular nunca satisfacerán los anhelos de tu alma por lo verdadero. En el nombre de Jesús, imploro que clames a Él desde lo más profundo de tu alma, pídele que te permita beber de Su Agua… sólo Él puede satisfacerte. El proceso que describe Jesús a continuación es la secuencia que hemos estado ilustrando a través de esta discusión.

El que cree en mí, como dice la Escritura, de su interior correrán ríos de agua viva. Juan 7:38

CAPITULO 21

DESCUBRIENDO LA VERDADERA ADORACION

El corazón del ser humano fue diseñado como una fuente de revelación refrescante, y una ayuda para otros. Mientras más bebes, el pozo se hace más grande dentro de ti, permitiendo que otros también puedan beber, este es el diseño del verdadero evangelismo. Volviendo a la mujer en el pozo, descubrimos su respuesta, después de que bebió del agua viva.

Él le dijo: Ve, llama a tu marido y ven acá. Respondió la mujer y le dijo: No tengo marido. Jesús le dijo: Bien has dicho: "No tengo marido", porque cinco maridos has tenido, y el que ahora tienes no es tu marido; en eso has dicho la verdad. La mujer le dijo: Señor, me parece que tú eres profeta. Nuestros padres adoraron en este monte, y vosotros decís que en Jerusalén está el lugar donde se debe adorar. Jesús le dijo: Mujer, créeme; la hora viene cuando ni en este monte ni en Jerusalén adoraréis al Padre. Vosotros adoráis lo que no conocéis; nosotros adoramos lo que conocemos, porque la salvación viene de los judíos. Pero la hora viene, y ahora es, cuando los verdaderos adoradores adorarán al Padre en espíritu y en verdad; porque ciertamente a los tales el Padre busca que le adoren. Dios es espíritu, y los que le adoran deben adorarle en espíritu y en verdad. La mujer le dijo: Sé que el Mesías viene (el que es llamado Cristo); cuando El venga nos declarará todo. Jesús le dijo: Yo soy, el que habla contigo.   *Juan 4:16-26*

La mujer quiere lo que Jesús le está ofreciendo, y por lo tanto, Jesús la prueba. Ella pasa la prueba, y califica para beber del agua viva. La honestidad de la mujer abre su corazón para ser tocada por Jesús. Ella consideró que Jesús era un profeta, después de que Él le revela las relaciones que ella había tenido con diferentes hombres.

Una cosa muy interesante acerca de la profecía, es que siempre funciona en armonía con la adoración. Ahora bien, el objetivo de la adoración ha sido tema de innumerables sermones, pero es importante notar, que no se trata sólo de cantar o tocar un instrumento. **Mi definición de adoración es la siguiente: una expresión exterior del conocimiento interior de la mente de Cristo Jesús.** La adoración es, además, la respuesta física para liberar un alma. La adoración es otra palabra para el sonido del amor resonando a través de todo nuestro ser. La armonía de nuestro espíritu, alma, mente, corazón y cuerpo vibrando con la majestuosidad de Dios, es el sonido de la adoración en un hombre.

La adoración abre los caminos de los cielos y nos une al Padre para escuchar Su voz, que junto con lo profético son herramientas celestiales que el Espíritu Santo usa para instalar los pozos de agua viva en ti. Por otro lado, la adoración también rompe un corazón de piedra para que la cirugía pueda ocurrir, por eso, es necesario un trasplante para que así lo profético pueda operar en nuestras vidas.

El corazón de carne, descrito en Ezequías 11:19 produce que la adoración sea como agua viva que alimenta, refresca y transforma nuestra vidas. **Jesús dijo que el tiempo de lo profético y de la adoración eran ahora, unidos con el espíritu y la verdad. Dios es Espíritu y Jesús es Verdad.**

El Padre está en la búsqueda de aquellos que piensen y crean como Hijos, y que han probado el agua viva y sus almas han sido convertidas.

Muchas iglesias, están preocupadas por las cosas del futuro, y se están perdiendo lo que está **haciendo ahora** el Espíritu Santo. Esta mujer sabía del Mesías, aunque no era judía. Tal y como muchos lo hacen, ella tenía una idea preconcebida de la manera en que el Mesías debería verse, y cómo debería actuar, por eso no le preguntó por el agua viva. **No podemos perder lo que ahora se está manifestando, por lo que "creemos" que vendrá en el futuro.**

Jesús está diciendo, *"Si tú pruebas mi agua, vas a comenzar a adorar, y el Padre Celestial te va a visitar"*. ¿Acaso ya has sido visitado por el Padre Celestial? Si no, entonces, tal vez, no has bebido de la persona de Jesús.

Entonces la mujer dejó su cántaro, fue a la ciudad y dijo a los hombres: Venid, ved a un hombre que me ha dicho todo lo que yo he hecho. ¿No será éste el Cristo? Y salieron de la ciudad, e iban a Él. Mientras tanto, los discípulos le rogaban, diciendo: Rabí, come. Pero El les dijo: Yo tengo para comer una comida que vosotros no sabéis. Los discípulos entonces se decían entre sí: ¿Le habrá traído alguien de comer? Jesús les dijo: Mi comida es hacer la voluntad del que me envió y llevar a cabo su obra.

Juan 4:28-34

Mira lo que sucede cuando pruebas a Jesús. Cuando la mujer saboreó el agua viva, abandonó sus recursos naturales, representados por la vasija de agua, y corrió a contarle a todos sus vecinos. Una vez que probó la verdad, estaba lista para decírselo a los demás.

Si esto no ha sucedido en tu vida, entonces es muy probable que tú no hayas bebido de Él. Lo que ocurrió con la mujer, es que ella estaba claramente manifestando los resultados del agua viva en su vida. Ella estaba adorando a Dios, hablando de algo que la había tocado profundamente. El Padre está buscando a aquellos, que lo adoren en Espíritu y en Verdad. **El nivel de nuestra adoración expresa nuestra sustancia, y al final de cuentas, nuestra creencia.**

Después de eso, Jesús instruyó a Sus discípulos para instruirles en lo sobrenatural. Recordemos que inicialmente Jesús había pedido agua, mientras que los discípulos habían ido a conseguir algo de comer. Sin embargo, Jesús nunca comió, ni bebió durante todo este encuentro, lo que los dejó asombrados. Jesús estaba manifestando un principio del Reino de Dios:

"Bienaventurados los que tienen hambre y sed de justicia, pues ellos serán saciados". Mateo 5:6

¿No decís vosotros: "Todavía faltan cuatro meses, y después viene la siega"? He aquí, yo os digo: Alzad vuestros ojos y ved los campos que ya están blancos para la siega. Ya el segador recibe salario y recoge fruto para vida eterna, para que el que siembra se regocije juntamente con el que siega. Porque en este caso el dicho es verdadero: "Uno es el que siembra y otro el que siega." **Yo os envié a segar lo que no habéis trabajado; otros han trabajado y vosotros habéis entrado en su labor.**

Juan 4:35-38

Jesús dijo a Sus discípulos lo mismo que está diciendo en estos días: **El tiempo no existe en el mundo espiritual.** Uno de los beneficios de la adoración es que nos provee de visión profética para ver la condición real del mundo físico. El Espíritu y la Verdad destruyen las percepciones del hombre y crea oportunidades para que lo sobrenatural se manifieste. Jesús estaba revelando un misterio a Sus discípulos que deberíamos poder entender también.

Hay una historia en la que Jesús explica a los discípulos cómo un hombre lleno de compasión ayuda a una persona herida en el camino. Él lo llamó el *"Buen Samaritano" (Lucas 10:30-37).*

Este hombre capturó la atención del Padre de tal manera que envió a Jesús a Samaria. Jesús dijo: *"Yo os envié a segar lo que no habéis trabajado; otros han trabajado y vosotros habéis entrado en su labor".* Tal vez, ni siquiera el buen samaritano estaba consciente de que aquel acto de amor, era una oración para que el Padre Celestial enviara obreros a su región. La mujer en el pozo era parte de la cosecha con la que Dios premió al "Buen Samaritano".

Amados, nuestras semillas de amor son eternas, y su función en el destino de nuestra familia, y de nuestra ciudad, puede ser dramático. Si tan solo somos obedientes a la voz del Espíritu Santo, y vamos a los lugares donde somos enviados, el fruto y las recompensas estarán esperándonos.

Y les decía: La mies es mucha, pero los obreros pocos; rogad, por tanto, al Señor de la mies que envíe obreros a su mies.   *Lucas 10:2*

El testimonio de la mujer samaritana había creado tanta hambre y sed, que el avivamiento se manifestó en su ciudad. ¿Por qué? Porque la mujer había probado del agua viva de Jesús, **y su adoración estaba llamando al Señor de la cosecha para que enviara obreros.**

Y de aquella ciudad, muchos de los samaritanos **creyeron** *en El por la palabra de la mujer que daba testimonio, diciendo: Él me dijo todo lo que yo he hecho. De modo que cuando los samaritanos vinieron a Él, le rogaban que se quedara con ellos; y se quedó allí dos días. Y muchos* *más **creyeron** por su palabra, y decían a la mujer: Ya no creemos por lo que tú has dicho, porque nosotros mismos le hemos oído, y sabemos que éste es en verdad el Salvador del mundo, el Cristo.*   Juan 4:39-42

Jesús permaneció dos días adicionales en la ciudad de Samaria para hablarles del Reino de Dios. Por su parte, el "Buen Samaritano" le dejó dos monedas al encargado del mesón para pagar los gastos del herido. Hablando de cosechar al ciento por uno, sembrar en el Reino de Dios es una muy buena inversión.

La majestad de nuestro Señor, va más allá de nuestro entendimiento tradicional. Jesús devolvió la bondad de aquel samaritano, miles de veces más por encima del dinero que el samaritano dio.

SECCION VII

SALUD DIVINA

Cada miembro del Cuerpo de Cristo debe demostrar lo sobrenatural en todas las áreas de su vida. Vivir libre de enfermedades y dolencias es el resultado de lo poderoso de creer en la obra de la Cruz. ¿Puedes sentir un viento fresco del Espíritu Santo, soplando a través de toda tu mente? ¿Puedes escuchar esa voz suave, apacible, animándote para que creas en lo sobrenatural?

Esa voz se hace más y más fuerte, a medida que tu creencia se convierte en fe. El diablo tiene que saber que tu fe está basada en Cristo Jesús y no en una filosofía, y que has sido parte de una transformación total en espíritu, alma y cuerpo, por lo que ya no respondes a ningún síntoma. Las ilusiones que alguna vez usó el enemigo para afligir a tu organismo y capturar tu mente no funcionan más.

El Señor nos va a probar para ver en quién puede confiar las riquezas de Su Reino. La enfermedad y los padecimientos pueden ser ejemplos de esas pruebas, y nos permitirán saber, en quién hemos puesto nuestra confianza. La severidad y la duración de cada prueba, dependerán de nuestro nivel de confianza. **No estoy diciendo con esto, que Dios pone las enfermedades y los padecimientos en las personas,** sólo estoy aludiendo a que Él usará al diablo para probar a aquellos que dicen una cosa con sus labios, pero que no han sido convertidos en sus almas y cuerpos. En otras palabras, Dios usa los ataques del enemigo para nuestra propia "experiencia de Damasco".

El milagro que le has estado pidiendo a Dios, se encuentra a tu alcance. La realidad de Jesucristo en tu vida, está cambiando lo que crees, y la forma en cómo crees. Amado, tus victorias más grandes, siempre han estado esperando por tu decisión de creer. Una vez que haces de Jesucristo una realidad en tu espíritu, alma y cuerpo, nada será imposible.

CAPITULO 22

NO TE RINDAS

La siguiente sección tiene que ver con dos grupos de personas. El primero conoce a Jesús por una revelación personal, y desea complacerlo por encima de todo. El segundo, no ha experimentado ninguna revelación personal de Jesucristo, aunque se identifica a sí mismo como cristiano. Este grupo confía en los médicos en cuanto a lo referente a sanidad y salud, debido a la forma en que ha sido entrenado.

Cuando las oraciones por sanidad de aquellos que profesan ser cristianos no funcionan, entonces, el paso siguiente es la búsqueda de un doctor. Confiar en un médico es una práctica común entre creyentes y no creyentes. En este sentido, la verdad es que la mayoría de los cristianos, confía más en un doctor que en la autoridad de Cristo sobre la enfermedad. Creen en su mente sin tener una verdadera fe que produzca una vida diferente a la de aquellos sin ninguna vinculación con la "Iglesia".

Muchos de nosotros hemos escuchado decir de hombres de Dios muy serios, que el Señor usa médicos para sanar cristianos. Creo que esta declaración se aplica a aquellos que no han experimentado a Jesús como una realidad en todo su ser. Los doctores son para los no creyentes, no para aquellos que están unidos a Él en espíritu, alma y cuerpo.

De hecho, si un síntoma aparece en un verdadero cristiano, él o ella no sucumbirán por las amenazas y miedos que la mente intentará imponer. El Señor desea que cada ser humano experimente Su amor y majestad. Por lo tanto, Él usará cualquier cosa o a cualquiera para prolongar una vida, y eso incluye un médico. Sin embargo, la meta final de Cristo es que cada uno de nosotros dependa de Él como Salvador para todo, especialmente, en nuestra salud.

Si dependemos de alguien más que Jesús en cuanto a nuestra salud, eso quiere decir, que Él no es nuestro Señor, al menos, no sobre nuestros cuerpos.

La diferencia entre creer con la mente y tener fe nunca ha sido más vívida que durante un encuentro con nuestro médico. Por ejemplo, si visitas a un doctor por algún síntoma o problema en tu cuerpo, la primera cosa que el profesional hace es preguntar un par de cosas y tomar tus signos vitales. Una vez que hace el diagnóstico, tú comienzas a creer en sus palabras como una solución que se une con tu confianza o fe en su autoridad. Pon atención en esto amado, la fe libera sanidad temporal en ti, pero corona al doctor como el Señor de tu cuerpo.

Será temporal digo, porque la fe en las soluciones humanas nunca resolverá problemas espirituales como

una enfermedad o padecimiento, creado a partir de la confianza original del hombre en el diablo.

Un día, mientras leía el libro de Daniel, el Señor me habló y me preguntó si podría ser tan valiente en mis creencias, como lo fueron Sadrac, Mesac, y Abed-Nego. Antes de responderle, consulté el libro de Daniel y su respuesta al rey.

Habló Nabucodonosor, y les dijo: ¿Es verdad Sadrac, Mesac y Abed-nego que no servís a mis dioses ni adoráis la estatua de oro que he levantado? ¿Estáis dispuestos ahora, para que cuando oigáis el sonido del cuerno, la flauta, la lira, el arpa, el salterio, la gaita y toda clase de música, os postréis y adoréis la estatua que he hecho? Porque si no la adoráis, inmediatamente seréis echados en un horno de fuego ardiente; **¿y qué dios será el que os libre de mis manos?** *Sadrac, Mesac y Abed-nego respondieron, y dijeron al rey Nabucodonosor:* **No necesitamos darte una respuesta acerca de este asunto. Ciertamente, nuestro Dios a quien servimos puede librarnos del horno de fuego ardiente; y de tu mano, oh rey, nos librará. Pero si no lo hace, has de saber, oh rey, que no serviremos a tus dioses ni adoraremos la estatua de oro que has levantado.**

Daniel 3:14-18

Mi respuesta de inmediato fue, *"Por supuesto Jesús, yo estoy dispuesto a morir por Ti"*. Así que, Él me preguntó, *"¿Entonces, por qué tomas medicamentos y drogas?"* Yo me quedé estupefacto. Era algo que había hecho durante toda mi vida, aun sin tener la más mínima consideración de que estaba ofendiendo al Señor. El Espíritu Santo me dijo, *"Si tú confiaste que podía salvar tu alma, ¿acaso, no seré capaz de sanar tu cuerpo?"*

Yo había usado esas mismas palabras cada vez que oraba por los enfermos. Sin embargo, no fue sino hasta que la verdad de esa declaración penetró en mi espíritu, que pude tomar la decisión de dejar los medicamentos.

Mi esposa experimentó un milagro muy parecido. Como la mayoría de la gente, ella creció creyendo que el tomar antibióticos y medicinas, no era una ofensa en contra de Dios. Un día, mi ejemplo la convenció, y ella destruyó todas las medicinas y no volvió a tomarlas jamás. Ella se había determinado, al igual que yo, que ya sea que viviéramos o muriéramos, nos someteríamos a Dios y no al enemigo. Desde ese día, hemos disfrutado de una maravillosa salud sobrenatural. De hecho, la salud de mi esposa no sólo mejoró, sino que su vitalidad y resistencia se incrementaron notablemente.

La verdad es que no existe antibiótico alguno, o quimioterapia, ni ningún tipo de pastillas, que sean más fuertes que las heridas de nuestro Salvador. El poder de Su Sangre destruyó toda enfermedad, todo padecimiento, e incluso, la misma muerte.

Si tú lo conoces, experimentarás esa misma salud. Pero esta victoria no ocurrirá si no somos capaces de responder, de la misma forma como lo hicieron estos tres jóvenes hebreos en Daniel 3:17-18. Establece ese principio en tu vida, de una sola vez, y para siempre. Sin importar cuál sea la forma cómo el diablo te esté afligiendo, tu rodilla no se doblará, ni tus labios confesarán ningún otro dios que no sea Jesús.

Si este es el fundamento sobre el cual descansa tu confianza y tu fe, el diablo huirá de ti. Con esto no estoy diciendo que no serás probado o que no pasarás por el fuego, porque de cierto te digo que sí pasarás.

Pero, por otro lado, cuando hayas obtenido la victoria, una nueva forma de pensar y una concientización diferente, se habrá materializado en ti. El conocimiento que hace temer al diablo, porque te has convertido en un vencedor, emergerá en ti. Desde el instante en que veas la enfermedad o las dolencias como una oportunidad para golpear al diablo por todos los años que te ha hecho sufrir, verás con la rapidez con que se va.

En adición a lo anterior, el poder sobrenatural para creer crecerá, haciendo de tu vida, una vida de maravillas y señales. Tu fe te ayudará a resistir todo asalto del enemigo en contra tuya y comenzarás a ejercitarla en la vida de aquellos que sufren a tu alrededor.

CAPITULO 23

PHARMAKEIA

Me he convencido en cada célula de mi ser, que Jesús es capaz de libertarme, pero si así no lo hiciera, no me inclinaría ante el poder de Pharmakeia o a ninguna solución de hombre para mi sanidad.

Pharmakeia deriva de la palabra griega que significa medicamentos **(farmacia),** y por extensión se aplica a magia, literal o figurativamente y es también brujería o hechicería.

La raíz de la palabra **pharmakeus,** proviene de **pharmakon,** que quiere decir: droga o poción mágica; un "fármaco" o "farmaceuta"; un envenenador, o lo que equivale a la extensión de un mago o hechicero.

Los fármacos operan de la misma manera que la hechicería tradicional. La medicina provee un alivio temporal a algún síntoma, pero destruye la habilidad del cuerpo para defenderse del veneno que acaba de ingerir.

El propósito de la hechicería es reemplazar nuestra confianza en el plan de Dios a través de la Cruz, corrompiendo nuestra habilidad para confiar en Él.

En la actualidad, los médicos usan el símbolo de una serpiente enroscada en un asta, la cual viene del culto al dios griego Esculapio. Ya que satanás es incapaz de crear algo, lo que hace es crear confusión copiando al Único que es capaz de crear, Dios. Moisés obedeció al Señor cuando le mando a edificar una serpiente de bronce sobre un madero para que pusiera sus ojos en ella y fuera sanado de las mordidas de las serpientes (Números 21:9).

El símbolo que Moisés desplegó, ilustraba la muerte de Jesús en la cruz, llevando nuestros pecados, y libertándonos de la muerte y de la enfermedad. **Hoy, cuando ponemos nuestra confianza en la medicina, le damos poder a la maldición que Jesús clavó en la cruz.**

Ahora bien, no estoy diciendo esto para condenar a aquellos que no pueden pelear debido al sufrimiento y al dolor en sus cuerpos. Tú debes comenzar en el nivel donde se encuentre tu fe. Estudia las Escrituras hasta que la palabra viviente, Jesús, se convierta en la certeza de tu creencia. Entonces, levántate y conviértete en los Sadrac, Mesac, y Abed-Nego de tu familia.

El pueblo de Israel vivió 450 años libre de enfermedades, gracias al pacto de Salud Divina, que fue establecido en el libro de Éxodo:

Y dijo: Si escuchas atentamente la voz del Señor tu Dios, y haces lo que es recto ante sus ojos, y escuchas sus mandamientos, y guardas todos sus estatutos, no te enviaré ninguna de las enfermedades que envié sobre los egipcios; porque Yo, el Señor, Soy tu Sanador.

Éxodo 15:26

Ninguna otra cultura en el mundo poseyó el poder sanador que tuvo el pueblo de Israel. No existe registro alguno de que este tipo de poder, haya existido en Egipto, en la India, o en China. Los hebreos fueron los únicos que recibieron este privilegio, desde la generación de Abraham, y hasta la generación de Asa, cuyo rey quebrantó el pacto con Dios, confiando en los doctores de su época.

En el año treinta y nueve de su reinado, Asa se enfermó de los pies. Su enfermedad era grave, pero aun en su enfermedad no buscó al Señor, sino a los médicos.

2 Crónicas 16:12

Tal vez te encuentres peleando por tu vida en este momento, y has tenido que escuchar a los doctores que te han dicho que tomes este medicamento o el otro, y que tal vez, no vas a vivir. La decisión es tuya, pero como dijo Jesús: ***"Todo es posible para aquel que cree"***.

El uso de la palabra "creer" es muy importante, significa continuidad, perseverancia en algo. Debes ganar esta batalla cada día sobre tu mente y tus emociones. La razón de muchos síntomas, busca que tú creas en la mentira del diablo, y acabes perdiendo la batalla. **Los síntomas son una ilusión.** La forma en que un mago crea ilusiones para hacerte creer en un truco, es el mismo método que usa el diablo. **Sin la mente de Cristo, creeremos sus mentiras debido a que nuestras mentes y espíritus no están alineadas para creer con fe.**

En ocasiones, el diablo crea síntomas contra mí, para medir y probar mi reacción. Mientras más me río, más humillado se siente. Hay algo que tú debes saber acerca del enemigo, él está lleno de orgullo, y no le gusta ser avergonzado enfrente de sus demonios. **Las áreas en la que eres más vulnerable para el diablo son aquellas en las que te has rendido al hombre en vez de someterte al Espíritu Santo.**

Recuerda que nuestro cuerpo fue creado para albergar al Espíritu Santo, y el enemigo sabe eso, por lo que direcciona sus ataques a las áreas más débiles del hombre, las cuales son, como hemos visto en este libro, el alma y el cuerpo.

El propósito de la sanidad, es obtener salud permanente en nuestros cuerpos, almas y espíritus.

Por eso, uno de los objetivos de este libro es entrenar a verdaderos creyentes en el conocimiento del espíritu, alma, y cuerpo. Es mi oración que esta santa trompeta, provoque un santo furor en todos mis consiervos para resistir al diablo en la enfermedad, de la misma manera como resistimos al pecado.

La sanidad se desarrolla en tres etapas, sanidad

espiritual, sanidad del alma y sanidad física. Es importante entender que la persona enferma físicamente, primero lo está en su espíritu. De este modo, la enfermedad viaja a través del alma para manifestarse finalmente en el cuerpo.

Mis mayores éxitos en el área de las sanidades, ocurrieron cuando acabé por entender la conexión entre mi espíritu y mi cuerpo. La realidad de esta declaración se hizo verdad en mi vida hace algunos años, cuando me encontraba enfermo y un siervo de Dios me vino a visitar.

Este hombre tenía un espíritu de victoria muy contagioso. Él comenzó a hablarme del Señor, de una manera que era como un refrescante vaso de agua, para alguien que está en el desierto. Mi espíritu estaba seco y muy sediento, y comenzó a responder al agua viva, que venía de este hombre. En la misma forma en que la mujer que estaba con Jesús en ese pozo, bebió, yo estaba bebiendo del agua viva y recibí mi sanidad antes de que él se fuera.

Este hombre llevaba consigo una estructura de pensamiento, llena de Salud Divina, y mi espíritu bebió la sustancia de fe que se encontraba en su espíritu. Está conexión del Espíritu Santo con su espíritu terminó alimentándome, lo que neutralizó mi mente incrédula para que la Salud Divina entrará a mi cuerpo.

CAPITULO 24

COMO DEJAR DE TOMAR MEDICINAS

• LA SANIDAD DIVINA

La sanidad divina consiste en remover las enfermedades del cuerpo, por medio del poder de Dios. Es la vida de Dios transmitida a nuestro ser, viniendo desde el cielo, o a través de otro hombre de fe. La salud divina consiste en vivir día tras día, y hora tras hora, en contacto con Dios para que Su vida fluya en nuestro cuerpo, de la misma manera como fluye en la mente o en el espíritu.

• MILAGROS

Un milagro es la acción creadora del Espíritu de Dios. Por lo tanto, la salvación de almas es un milagro de Él. Dios creó todos los órganos del hombre a partir de Su mente o de la realidad espiritual. Dios hizo al hombre a Su imagen, usando material de la tierra para que fuera el portador de Su gloria. Adán se convirtió en un ser viviente, después de que Dios sopló Su

Espíritu, impartiéndolo dentro de su humanidad. Pero el pecado corrompió al ser humano, comenzando con su espíritu, pasando por el alma, y llegando a todos los órganos de su cuerpo. Para impartir sanidades y milagros en nuestros días, el Espíritu Santo sopla Su vida a las áreas moribundas. **Mientras más creamos en lo invisible, más grande será el resultado que veremos.**

¿O no sabéis que vuestro cuerpo es templo del Espíritu Santo, que está en vosotros, el cual tenéis de Dios, y que no sois vuestros? Pues por precio habéis sido comprados; por tanto, glorificad a Dios en vuestro cuerpo y en vuestro espíritu, los cuales son de Dios.

1 Corintios 6:19-20

La gente se enferma por la misma razón por la que peca, sucumbiendo o bien rindiéndose a las sugerencias del maligno hasta que éstas toman posesión del corazón. Por lo tanto, cuando la sugestión de la enfermedad se acerca en cualquier forma o manifestación, debes echarla fuera, como se echa fuera todo lo relacionado con el diablo.

Por ejemplo, ¿cómo te sentirías, si cuando llegas a tu casa nueva, que te costo miles de dólares, encontraras un terrible olor a animales muertos y putrefactos? Esta es una analogía de nuestro cuerpo cuando permitimos que los pensamientos sucios, no solo vivan ahí, sino que mueran, y se pudran dentro de nosotros.

Así, el cáncer, los males del corazón, las enfermedades de la sangre, y la muerte, son resultado de una mentalidad impura. Esto describe nuestra condición mental y espiritual, formada de temor, estructuras mentales, culpa, iniquidad, maldiciones, e incredulidad. **Cada pensamiento que no está alineado con la mente de Dios se contamina.**

• LA SANIDAD COMIENZA EN NUESTROS ESPÍRITUS

Nuestras acciones puestas en Dios, liberan Su virtud y manifiesta sanidad. Una vez que la salvación comienza en nuestros espíritus, nada y digo absolutamente nada, puede detener el poder de Su virtud, excepto nuestra negativa de creer.

No importa que tan lindas sean nuestras lámparas, si no producen nada de luz, es decir, si los fusibles están fundidos, y no hay electricidad corriendo por los cables, el resultado es que no tendremos luz. Nuestro espíritu trabaja igual que estos fusibles. El Espíritu Santo es el poder del cielo, que nos enviste de virtud y de fe, mientras la incredulidad se manifiesta como fusibles fundidos.

La esencia de la mente de Cristo, trabaja conjuntamente con la mente y el espíritu en un solo acorde. Nuestro corazón, alma y mente están conectados con el espíritu, por medio del Espíritu Santo, y generan una explosión en todo nuestro ser. Cuando el Espíritu Santo se conecta con el espíritu, esto equivale a ir de una corriente de 110 voltios a una más poderosa de 220 voltios. El poder no solo se duplica, sino que aumenta increíblemente en velocidad, frecuencia y cantidad.

La fe que impregna todo tu ser, se siente como un relámpago dentro de tu cuerpo. Yo he podido experimentar esta sensación en varias ocasiones, y por eso mi fe es ilimitada. Siento como si pudiera creer en cualquier cosa, y que esta se convertirá en realidad. Esta es la conexión del Espíritu Santo con todo nuestro ser. Jesús mantuvo este poder, debido a la unidad que tuvo con Su Padre y con el Espíritu Santo.

Una de las mayores y más poderosas verdades que debemos tener en Cristo Jesús, desde que somos liberados de la iniquidad y del pecado, es que también nuestro cuerpo es liberado de toda enfermedad. **El pecado se define como acciones y pensamientos que no son originados por la fe** *(Todo lo que no proviene de fe, es pecado; Romanos 14:23).*

La prueba la encontramos en la siguiente Escritura:

Viendo Jesús la fe de ellos, dijo al paralítico: Hijo, tus pecados te son perdonados. Pero estaban allí sentados algunos de los escribas, los cuales pensaban en sus corazones: ¿Por qué habla éste así? Está blasfemando; ¿quién puede perdonar pecados, sino sólo Dios? Y al instante Jesús, conociendo en su espíritu que pensaban de esa manera dentro de sí mismos, les dijo: ¿Por qué pensáis estas cosas en vuestros corazones? ¿Qué es más fácil, decir al paralítico: "Tus pecados te son perdonados", o decirle: "Levántate, toma tu camilla y anda"? Pues para que sepáis que el Hijo del Hombre tiene autoridad en la tierra para perdonar pecados (dijo al paralítico): A ti te digo: Levántate, toma tu camilla y vete a tu casa. Y él se levantó, y tomando al instante la camilla, salió a vista de todos, de manera que todos estaban asombrados, y glorificaban a Dios, diciendo: Jamás hemos visto cosa semejante.

Marcos 2:5-12

La misma fe que salvó a este hombre, sanó su cuerpo. La Iglesia, en su mayoría, entiende la autoridad que Dios tiene sobre el pecado, por medio de la salvación, sin embargo, tienen muchas dudas, y les falta mucha experiencia con relación al poder de Dios.

Una de las cosas que ha desacreditado a los ministerios de sanidad, es la cantidad de gente que no recibe su milagro después de que han orado por ellos. **En general, si se ora por diez personas, tal vez uno o dos reciben su sanidad, mientras el resto recibe solo una porción del poder de Dios que necesitan para ser sanados, pero no la cantidad total.**

Esto nunca ocurrió con Jesús. Eso sí, Jesús contenía al Espíritu Santo sin medida. Sin embargo, si estos mismos ministros hubieran continuado, y no hubieran parado de orar, el nivel de fe hubiese crecido en la gente y creo que los milagros hubieran aumentado dramáticamente.

Lo mismo ocurre en relación a la salvación. Tal vez, dos de cada diez personas puedan tener una revelación de Cristo Jesús en su alma. Esta revelación les puede abrir las puertas de los cielos en forma temporal para que puedan experimentar a Dios como su Padre, personalmente. El único impedimento es la incredulidad y el pecado, que bloquean la mente del ser humano. **La verdadera sanidad tiene un desarrollo progresivo.** Una vez que nuestro espíritu se ha conectado con la virtud de Dios, nuestra responsabilidad radica en tomar eso muy en serio. En ese punto, nuestro espíritu no debe descansar hasta que el Espíritu Santo consuma cada pensamiento. Lo hemos dicho tantas veces a través de todo este libro, pero vale la pena volver a repetirlo. **Debemos ser como Jesús en el espíritu, en el alma, y en el cuerpo. En otras palabras, debemos poseer Su mente por completo.**

Las respuestas a estas preguntas exponen el nivel que posees de Su mente. ¿Tomas medicinas o medicamentos? ¿Tienes miedos o algún tipo de temor? ¿Estás interesado sólo en el dinero? ¿Te ofendes con facilidad? ¿Confías en algo o en alguien, más que en Dios?

Si tu respuesta fue sí a cualquiera de estas preguntas, es porque tu espíritu tiene poca o ninguna autoridad sobre las enfermedades, pero te tengo muy buenas noticias. No tienes que vivir carente de poder sobre las enfermedades y sobre los padecimientos. En el momento en que comiences a poner tus prioridades en orden, y comiences a comer Su Palabra, tu espíritu comenzará a llenarse de poder.

Mi vida cambió drásticamente cuando me di cuenta de que mi alma y mi cuerpo se encontraban en un estado de anemia espiritual. Por eso, comencé a ayunar, primero alimentos sólidos, pero acompañados de comida espiritual. Algunas veces, esto duraba hasta la madrugada del día siguiente.

El primer paso fue leer la Biblia, desde Génesis hasta Apocalipsis y mis encuentros con el Espíritu Santo cambiaron de ser ocasionales, a ser constantes. Su voz se hizo más clara y fuerte, hasta que las voces de la duda y de la incredulidad quedaron prácticamente mudas. **En unas pocas semanas, las parábolas de la Biblia se hicieron una realidad en mi mente.** Me pude ver a mí mismo, caminando en el sendero, junto con Jesús, cuando Él maldijo la higuera. Pude ver a Lázaro envuelto en su sudario, brincando y trastabillando para salir de esa cueva, y así, muchos más.

Mi espíritu estaba ganando autoridad sobre mi mente y cuerpo. De esta manera sustituí las imágenes de temor y escepticismo una clase de conocimiento que ni siquiera se puede describir con palabras. **Lo invisible se hacía visible, a medida que yo hablaba.**

Por ejemplo, mi hijo estaba sufriendo de una infección en el oído y tenía la temperatura muy alta. Me pude ver a mí mismo, ahí parado en su recámara, pero me veía mucho más alto de lo que es mi estatura real. Cuando entré en su cuarto, ese espíritu que estaba sobre mi hijo comenzó a estremecerse de terror. Yo le dije, "¡Espíritu inmundo, deja el cuerpo de mi hijo en este mismo instante!" Antes de que yo terminara de decir esa frase, el espíritu se fue, y la temperatura de mi hijo volvió a la normalidad de inmediato.

Desde ese día y hasta hoy, he sido muy diligente en practicar varias cosas. Primero, cada día, paso tiempo en la Palabra de Dios. La comida espiritual es vital para poder tener fuerza y revelación. Esta última es la prueba más grande de que estás en contacto con el Espíritu Santo.

En segundo lugar, es muy importante estar en comunión por medio de la oración, de la Santa Cena, y meditar en la Palabra. Es en el lugar secreto e íntimo donde nos convertimos en uno solo con Él. Ahí no hay ninguna distracción, sino que establecemos comunión y es un lugar íntimo porque cada día tienes que volver a descubrirlo, antes de que puedas entrar.

En tercer lugar, es de suma importancia que hables con verdaderos creyentes, y que compartas las bendiciones que el Señor te da en tu vida. El Espíritu Santo necesita una voz humana que hable a los demás de Su naturaleza y de Su carácter. Por lo tanto, si te conviertes en un testimonio vivo, que esté hablando de Sus maravillas, la fe crecerá en tu vida, e inspirarás a muchos otros.

El punto que estoy tratando de afirmar es que nuestra sanidad es tan segura como nuestra salvación. Sin embargo, no vamos a recibir lo que Jesús compró para nosotros, si nuestro sistema de creencias se basa en dudas y en incredulidad. Es como si alguien tiene millones de dólares en el banco, pero no puede sacar ni un centavo debido a su incredulidad.

Esta nos está impidiendo que obtengamos todo lo que Jesús ha depositado para nosotros. **Al principio se necesita información para poder apuntar hacia el camino de**

la cruz. Sin embargo, después de ese punto, la fe es la herramienta del Espíritu Santo que nos mantiene conectados con Él.

Si tu espíritu está en la posición donde no tiene apetito alguno por las cosas espirituales, serás un blanco fácil para el diablo. No obtendrás la sanidad física que necesitas, sino hasta que recibas la sanidad espiritual. Esta es la razón por la que muchos cristianos siguen yendo a ver a los doctores. Prefieren poner su fe y su confianza en un médico, en lugar de confiar en Jesús. Pero si obtienes tu sanidad por el Espíritu, y mantienes tu conexión vibrante y fresca por medio de los pasos que hemos explicado, vivirás en salud divina, y nunca en tu vida necesitarás la ayuda de los doctores.

Una vez que te has unido, y convertido en uno solo con Cristo Jesús, en espíritu, alma y cuerpo; la enfermedad abandonará tu cuerpo de la misma forma como se cayeron las escamas de los ojos de Pablo. **La mente de Cristo no permitirá que nada impuro pueda prosperar en tu vida.**

De hecho, nada de ese ámbito se podrá acercar a ti en kilómetros de distancia. ¿Qué tanto crees que la maldad se puede acercar a Jesús? Nada se te va aproximar, a menos que tu espíritu se debilite. Mantén tu espíritu fuerte, y tu alma y tu cuerpo, vivirán en Salud Divina.

La prueba de que tu espíritu y tu alma son uno en Cristo Jesús es precisamente la Salud Divina. El paso final es nuestro. Jesús ya hizo todo lo necesario para dárnoslo.

Entonces ¿clamarás de la misma forma en que clamó el padre de ese enfermo epiléptico, y dijo, "Creo Señor, ayuda mi incredulidad?". Creer en Jesús cambiará la realidad que estás viviendo actualmente.

Por último, déjame orar por ti.

Jesús, es el deseo de mi corazón, que toques a cada persona que lea este libro, con la manifestación visible de milagros. Si están enfermos, sánalos. Si están deprimidos, libéralos. Si están en pobreza, envíales recursos económicos. Cualquiera que sea su necesidad, yo te estoy pidiendo, por tu misericordia y por tu gracia, que respondas mi petición, con milagros en su vida. No para gloria mía, sino para honra de Tu Palabra que me has dado, y que me has permitido compartir. Jesús, Te doy a Ti toda la gloria y el honor, por todo lo que has hecho, y por todo lo que harás, por medio de estas revelaciones.

• CONCLUSIÓN

Las sustancias de todas las cosas se encuentran en Cristo Jesús. Todos aquellos que viven fuera de este conocimiento, continuamente están a merced del diablo. Jesucristo es el Reino de Dios, y todos aquellos que entren a Su Reino deben ser sumergidos en Su Espíritu y en Su mente.

La realidad que estamos viviendo es el resultado del reino en el cual estamos creyendo. Tal vez, pudiéramos decir una cosa con nuestra boca, pero al mismo tiempo, estar viviendo en forma completamente diferente. Esta es la consecuencia de la sustancia que existe dentro de nuestra alma.

El Espíritu Santo diseñó este libro con el propósito de abrirle los ojos a aquellos que están cansados de decir una cosa, mientras experimentan algo completamente diferente. Nuestro sistema de creencias cambia cuando el Espíritu Santo consume la sustancia que se encuentra dentro de nosotros.

No existen atajos para llegar más rápido a vivir en el Espíritu. Si en verdad queremos tener poder en nuestra vida sobre todo pecado, dolencia y sobre toda enfermedad, debemos tener la mente de Cristo, que lo venció todo.

Estas cosas os he hablado para que en mí tengáis paz. En el mundo tenéis tribulación; pero confiad, yo he vencido al mundo. Juan 16:33

La mente de Cristo no es sólo otra frase de moda, diseñada para que suene muy mística o espiritual, sino que es una realidad que te convierte en uno solo con Dios. **Una de las grandes lecciones que he aprendido, fue el hecho de convertir mis pruebas y tribulaciones en un entrenamiento efectivo.**

El día que aprendí que Dios usa al diablo como Su instrumento de disciplina y corrección para entrenar a los que Él ama, mi mentalidad cambió. **Me propuse usar el poder del amor para someter a mi alma y a mi mente. De esta manera, dejé de luchar para proteger mi realidad, y**

en cambio, me sometí para aprender la realidad que proviene de Dios. Su sustancia comenzó a crecer en mí, y me permitió creer en todas las cosas de una manera sobrenatural.

Hoy, la mente de Cristo Jesús está creciendo en mí en forma proporcional a la sumisión que tengo ante el Espíritu Santo **y soy capaz de conectar mi espíritu con mi alma para ser testigo de asombrosas victorias.**

Si tú no estás experimentando la justicia, paz y gozo de Jesucristo en tu espíritu, alma y cuerpo, entonces, no has entrado al poderoso e invisible Reino de Dios. La manera de entrar es bebiendo del agua viva que Jesús te está ofreciendo ahora mismo. Permite que esa agua te transforme, comenzando con tu espíritu, y trabajando en toda tu alma.

Jesús le dijo a Nicodemo, *"Tú debes nacer de nuevo del Agua y del Espíritu" (Paráfrasis).* El bautismo con el Espíritu solo ocurre después de haber sido lavado por el agua de la Palabra de Dios.

"Vosotros ya estáis limpios por la palabra que os he hablado" Juan 15:3.

Cuando esto ocurre, nuestra fe se une con nuestro espíritu, y juntos, se fusionan con el Espíritu Santo. La mente de Cristo sustituye a la mente de pecado, junto con cualquier duda e incredulidad. La realidad que actualmente experimentamos es alterada por experiencias celestiales, en el cielo no hay enfermedad, padecimiento muerte o enemigo.

La vida que estás viviendo en el presente, no tiene que ser la misma que vivirás el día de mañana. Decídete a cambiar tu sistema de creencias. Pídele al Espíritu Santo que te diga lo que debes hacer, y prepárate para seguir a Jesús en el desierto y así experimentar el cambio en tu vida. Si tú haces esa decisión, tu vida cambiará.

No hay fin cuando crees de la misma forma como Jesús cree. Mi oración más grande, es poder ser testigo de una generación de gente convertida que experimente cosas sobrenaturales a través de milagros y maravillas, que son la habitación permanente de Dios.

Los milagros, maravillas y sanidades nunca han transformado a una nación, pero el hecho de creer en forma sobrenatural si lo hará. Si la vida sobrenatural es la fuente en la cual depende el creyente, el cielo podrá hacer de esta tierra, su lugar de habitación. Será entonces, cuando la oración que Jesús les enseñó a Sus discípulos se hará manifiesta.

"Venga Tu Reino, Hágase Tu voluntad en la Tierra como en el Cielo"   *Mateo 6:10.*

El cielo ha estado esperando que nosotros ejercitemos nuestro dominio y autoridad, juntamente con el conocimiento de Cristo Jesús. No tenemos nada que perder, sino mucho que ganar.

Amén.

APENDICE

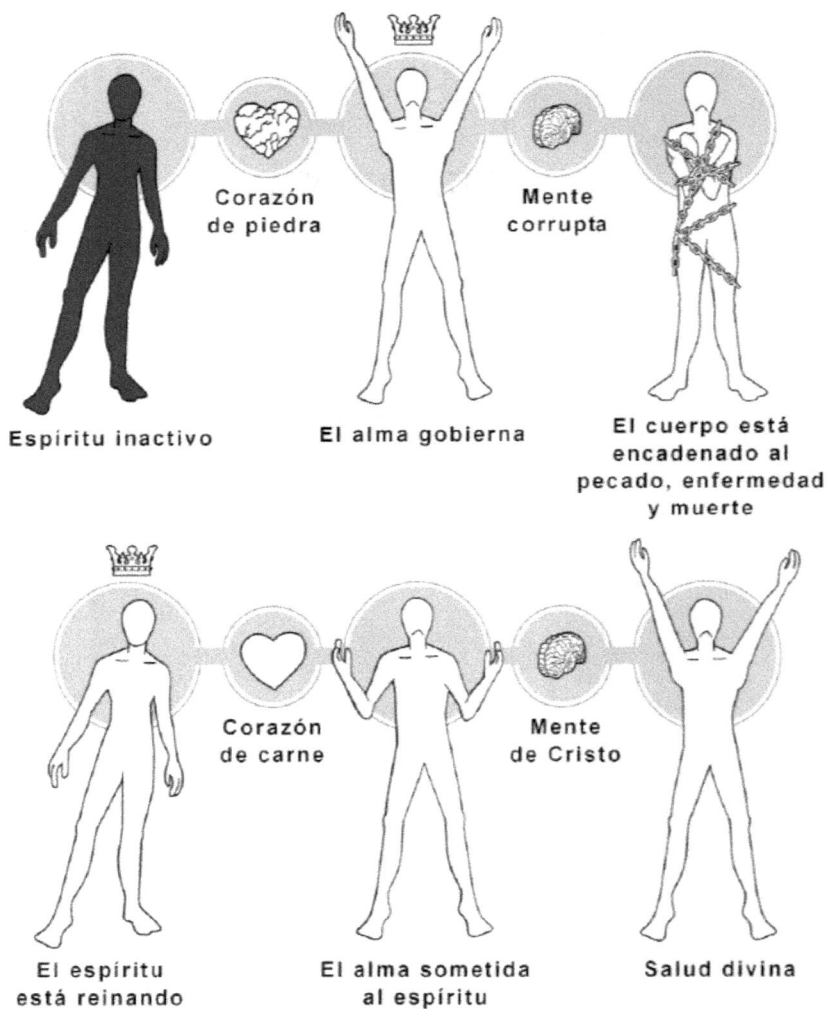

Figura 1

Corazón de piedra

Mente corrupta

Espíritu inactivo

El alma gobierna

El cuerpo está encadenado al pecado, enfermedad y muerte

Corazón de carne

Mente de Cristo

El espíritu está reinando

El alma sometida al espíritu

Salud divina

Figura 2

Descripciones de los Centros del Ser Humano
Cada centro fue creado espiritualmente
a excepción del cuerpo

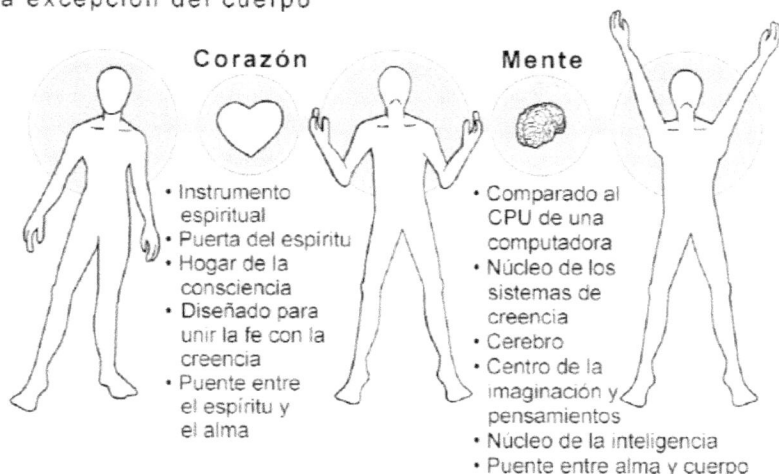

Corazón

Mente

- Instrumento espiritual
- Puerta del espíritu
- Hogar de la consciencia
- Diseñado para unir la fe con la creencia
- Puente entre el espíritu y el alma

- Comparado al CPU de una computadora
- Núcleo de los sistemas de creencia
- Cerebro
- Centro de la imaginación y pensamientos
- Núcleo de la inteligencia
- Puente entre alma y cuerpo

Espíritu

- Hombre interior
- Habitación de la fe
- Viene de Dios eterno e inmortal
- Hecho a la semejanza de Dios
- Diseñado para ser la habitación de Dios

Alma

- Voluntad
- 5 sentidos
- Emociones
- Razonamiento
- Decisiones y elecciones
- Ego o autoimágen
- Activo perpetuamente
- Ilícito
- Puente entre el corazón y la mente

Cuerpo

- Físico
- Mortal
- Diseñado para ser la habitación del Espíritu Santo
- Responde a las ordenes del centro de creencia

Si este libro te gustó, te recomendamos también

El Último Adán

El Gran Engaño

El Soplo de Dios En Aceites Esenciales

Sumergidos En Él Los

www.vozdelaluz.com

Participa en nuestro cursos en vivo y en

On Demand

at
Entrenamiento Avanzado

entrenamientoavanzado.votlm.com

Visitanos en Frecuencias de Gloria TV
Síguenos en Facebook en Twitter

www.frecuenciasdegloriatv.com

https://m.facebook.com/AnaMendezFerrellPaginaOficial/

https://twitter.com/AnaMendezF

Contactenos en:

Ministerio Voz De La Luz
P.O. Box 3418
Ponte Vedra, FL. 32004 USA
904-834-2447

www.vozdelaluz.com

www.ingramcontent.com/pod-product-compliance
Lightning Source LLC
Chambersburg PA
CBHW052001090426
42741CB00008B/1492